BtoB営業は~~結果~~過程がすべて。

セールスプロセス株式会社 代表取締役
梶田洋平

注意点

※本書ではマーケティング施策を駆使したプル型ではなく、主としてプッシュ型のセールスプロセスについて言及しております。あらかじめご了承ください。

もくじ

CONTENTS

第4章 商談時・商談後にやるべきこと

第5章 セールスプロセス考

CONTENTS

はじめに　～営業は過程がすべて～

「営業は結果がすべて」

「数字が人格だ」

「質より量」

あなたの会社ではこのような言葉が飛び交っていませんか？

もし、そうであれば営業社員が疲弊しながら働いている可能性があります。

もちろん、厳しい営業環境の企業文化が根付いていて、あえてそのような会社に就職を希望してくる社員がたくさんいるのであれば、大きな変革は必要ないでしょう。

一部の金融や不動産など、歩合制の給与体系を採用している会社などがこれに当てはまります。

また、知名度の高い大手企業のように、退職者が出たとしてもすぐに欠員補充の採用ができるのであれば、結果至上主義の組織体系、給与体系も問題ないでしょう。

でも、知名度のない中小企業で上記のような企業文化の会社はどうなるでしょうか？

離職者が増えたり、行きすぎた指導によってパワハラで訴えられるという訴訟リスクも伴います。

人手不足が叫ばれる昨今、中小企業が優秀な若手営業職を採用するのは簡単ではありません。

いくら採用サイトでよいことが書かれていたとしても、離職者による「会社では〝数字が人格〟と言われました」という口コミがあれば応募しようという人は減ってしまいます。

また、せっかく採用できたとしても、現在の若い営業社員の考え方と50～60代の上司や経営者が20代に働いていたときの考え方には相違があるものです。

もちろん、売上を上げてくれなければ営業職として採用した意味がありません。売上が上がれば、給与アップが実現でき、採用関連にもお金をかけられるようになります。

一方で採用できないからそもそも売上が増えない、売上が不足しているから採用できないという負のループに陥ってしまっていることもあるでしょう。

黙っていても勝手に売れていくようなドル箱商品を持っていれば話は別ですが、多くの中小企業はこれに当てはまりません。

ではどうすればよいのでしょうか。

その答えの1つが、「営業は結果がすべて」から「営業は過程がすべて」という考えにシフトすることだと考えています。

もちろん結果（売上）は大切です。

でも、結果ばかりを求めすぎるあまり、逆に結果が出ないという状況になっている可能性もあります。

実際、これは私が経験してきたことです。

私は新卒で証券会社に入社したのですが、冒頭にあったように

「結果がすべて」

「数字が人格」

と言われて会社員時代を過ごしました。

新入社員が担当する新規開拓の営業活動においては、架電件数や飛び込み営業の訪問件数で評価され、年次が上がってお客様を担当するようになると今度は売上手数料の営業実績が求められるようになります。

もちろん、私はそうした文化の中で育てられたことで営業力を培うことができたと考えています。


その後、私は企業出版の会社を起業しました。

創業からあまり年数が経っていない会社が仕事を獲得することは楽ではなく、採用した営業社員にはとにかくアプローチ件数と結果での管理を実施していました。

すると、売上を伸ばすためには商談獲得が必要という考え方になり、アプローチ件数がどんどんと増えます。

そして、ＤＭなどにかかる費用もどんどんとかさんでいきました。

それでもしっかりと売上が上がっていけばよいのですが、営業にかかる費用が増えていく一方で、売上は伸びないというジレンマに陥ったのです。


今度は営業にかかる費用を減らすべきだとなり、とにかく安く大量にアプローチできる方法を探したり、社員にモチベーションを持ってもらおうとインセンティブ制度を採用したりと工夫を続けました。

この考え方はまさに
「営業は結果がすべて」
「数字が人格」
という考えに基づいたものでした。

売上は伸びていかず、それどころか、せっかく創業間もない時期に仲間となってくれた大切な社員が疲弊していき、同時に私もなぜ結果が出ないのかと心をすり減らしていく感覚となっていました。

苦しみ続けた結果、私はやっと少しずつ間違いに気が付くようになります。

・証券会社はブランド力に惹かれる社員が多いが、中小企業はカルチャー（文化）に惹かれて入社してくる社員が多い。
・証券会社はこの会社で出世してやると意気込んで入社してくる社員が多いが、中小企業にはワークライフバランスを重視して入社してくる社員が多い。

社員の考え方や性格を理解しないまま、自身が成果を出してきたやり方を押し通してもなかなか成果は出ないものです。

（※逆に言えば、自身の考え方と全く同じ考え方の人を採用できるのであれば、その通りでも大丈夫ということになります。ただ、中小企業でその状態を実現するためには経営者の圧倒的なカリスマ性もまた必要になると私は考えています。）

またサービスについても違いがありました。

証券会社では、増やすにしろ守るにしろ〝お金〟が目的ですが、私が経営する企業出版の会社の場合は、経営課題を解決することを目的として取り組むサービスなので、同様の営業方法ではうまくいかなかったのです。

当たり前の話ですが、知名度の高い証券会社と同じ考え方で、中小企業の営業組織をつくろうと思ってもうまくいくわけがありません。

間違いにやっと気付いた私は「結果」ではなく「過程」に注力するようになります。どのようなセールスプロセスで営業すれば効率的に成約まで結びつくのかという過程こそが、頭を捻るべきところという考え方です。

結果が出ないときにこそ、過程の改善を重ねる日々が続きました。

するとどうなったでしょうか。

アプローチ件数を重要視していたときは、社員の負担は増え、多額の費用がかかっていたのですが、過程の改善を重ねることで少ないアプローチ件数でも高い成約率を実現することができたのです。その結果、社員負担や費用の削減、社員間の差を減らしながらも売上アップを実現しました。


「営業は過程がすべて」

「人格が数字につながる」

「量より質」

これらの考え方は、私の証券会社社員時代の考え方とは１８０度違うにもかかわらず、しっかりと売上に結びつきました。


人材不足の昨今、特に中小企業やベンチャー企業が若手の営業社員を採用することは簡単ではありません。

そんな今こそ、営業改革への取り組みを考えてみてはいかがでしょうか。


経営者や営業部長などの上司が主導となって、現在の社員のエンゲージメントを高め、さらに売上アップにつながる営業改革が実現した時、きっと会社は大きな成長を実現し、採用力強化にもつながっていくはずです。

本書が、貴社の営業改革の一助につながれば、著者としてこれほど嬉しいことはございません。

それでは営業改革のスタートです。

セールスプロセス株式会社　代表取締役　梶田洋平

第1章

昨今のB to B営業のトレンド

まずは中小、ベンチャー企業の営業活動の現状について見ていきます。

「はじめに」では営業改革で売上アップを実現していこうという少し大げさな表現を使いましたが、まずは現状の課題認識からスタートする必要があります。

本章ではB to B営業を構成する様々な要素のうち、

・組織や人に関する要素
・セールスプロセスに関する要素
・商品やサービスに関する要素

の3つの要素についての現状把握を進めてまいります。

是非、貴社の営業活動にどんな課題があるのかを確認しながら読み進めてみてください。

組織や人に関する要素

昨今、様々な組織の在り方や管理方法が提唱されています。会社によっては色々な組織体制を試しているケースもあるのではないでしょうか。
でも、組織コンサルティング会社のアドバイスに従って試しているうちにぐちゃぐちゃになってしまっている可能性もあるので、新しい組織体制を採用したなら、ある程度の期間はその体制を継続し、しっかりと回るようになるまで我慢することも必要でしょう。

また、創業して間もないタイミングであれば創業者である経営者をトップとした文鎮型組織で、ワンマンで引っ張っていくことが大切であっても、社員が増えてくるとマネジメントができる人材を採用して組織化を狙っていくという段階がくるなど、組織に関する悩みが経営者にとって大きな課題の1つとなっていることは多いものです。

特に営業活動に関連する組織について言えば、昨今は分業が主流となっています。

・マーケティング
・インサイドセールス
・フィールドセールス
・カスタマーサクセス

という成約からサービス提供までの流れを分業にするのが一般的ですが、中小やベンチャー企業においてはうまく機能していないという話をよく聞きます。

ありがちな失敗例としては、分業にしても人数が足らずに結局、1人の社員が複数の部署を兼務することになったり、また、特定の部署が人数不足やスキル不足を起因としてボトルネックとなり次の部署まで連携していかないという課題が挙げられます。

加えて、特にセールスプロセスにおいては

・マーケティングはとにかくリード数が目的（質より量）
・インサイドセールスはとにかく商談数が目的（質より量）
・フィールドセールスは成約が目的（量より質）

とそれぞれの部署がフラストレーションを抱え続けている状態になることも少なくありません。

一般的にマーケティングやインサイドセールスはとにかくセールスプロセスを進めることを目的としているので、リードの質よりも量を重視する傾向にあります。

一方で、フィールドセールスにとっては売上を上げられるかどうかが評価に直結するため、売上につながらない商談ばかり担当させられると、労多くして功少なしとなりモチベーションが低下してしまいます。
だからといって、質の高い商談というのは定性的な表現で管理が難しいので、どうしても定量的に管理できる商談数などがＫＰＩ（※）として採用されやすいものです。

もちろん、セールスプロセスにおける各担当の段階で十分な社員数がいれば、組織として機能できる可能性はありますが、部署間の情報共有や目指す方向性を一致させる難易度は高いものです。

組織論については、本が多数出版されていることもあり、本書では詳しい話を割愛させていただきますが、成長を目指す限り、組織体制は変わり続けるものと考える必要があります。

そのため、まだ社員数が多くない段階で完璧な組織を目指すのではなく、社員数を増やしながら適切な組織体制をスクラップアンドビルドしながら構築していくという考え方が大切ではないでしょうか。

（※）ＫＰＩとは

ＫＰＩとは「重要業績評価指標」と呼ばれ、目標達成のために必要な要素を数値化して評価する方法を指します。

例えば、最終的な売上目標を達成するために、商談数をＫＰＩとして設定することがあります。

ＫＰＩ＝商談数の目標をどれぐらい達成できているのか数値化することによって、組織パフォーマンスの管理がしやすくなります。

セールスプロセスに関する要素

あなたの会社ではセールスプロセスは決まっているでしょうか？

もし決まっていなければ、成果は営業社員によって差が出やすい状況になってしまっている可能性があります。


セールスプロセスとは、その名の通り、営業の手順です。

マーケティング施策を起点とするプル型のセールスプロセスもあれば、テレアポやＤＭ施策を起点としたプッシュ型のセールスプロセスもあります。


詳しくは第二章以降で解説していきますが、まずはセールスプロセス全体の大まかな流れを確認しておきましょう。

○基本的なセールスプロセス

基本的なセールスプロセスは
・ターゲット設定
・商談獲得
・商談実施
という順に進んでいくことになります。

・ターゲット設定

まずはターゲット設定が適切かどうかについて見ていきましょう。

これは、過去の理想的な取引ができているクライアントから想定したり、特定の業界向けのサービスであれば、その業界をターゲットとして設定することになります。

過去の理想的な取引ができているクライアントを想定する場合には、どのようなセールスプロセスを経てクライアントとなってもらえたのかについても確認しておくようにしましょう。

例えば社長の個人的なつながりによる紹介でクライアントとなってもらえていたとすると、再現性があるとは言い難いです。

効率的な営業活動のためには、再現性のあるセールスプロセスを構築することが必要不可欠で、そのためには、偶然クライアントになったケースではなく、営業活動を実施することで取引につながる未来がイメージできるようなクライアント像をターゲット設定とすることが大切です。

・商談獲得

商談獲得方法には大きく分けてプル型とプッシュ型があります。

本書はプッシュ型の商談獲得方法を前提としておりますが、ここではプル型についても見ていきます。

プル型の商談獲得方法では、ターゲットに設定した見込み客のリード（※）を獲得するところから始まります。

クライアントが興味を持ちそうな記事や動画などをコンテンツマーケティングのサイトに掲載し、そのサイト上にダウンロードできるお役立ち資料を用意してリードを獲得する方法や、ＳＮＳ上で情報発信をして見込み客から問い合わせをもらって商談につなげていくという方法もあります。

その他にもウェブ広告やＹｏｕＴｕｂｅなどからＬＩＮＥの友達登録やお役立ち資料などに誘導してリードを獲得、その後商談を打診するなど、

1．何らかのアクションをしてもらってリードを獲得
2．リードに連絡をして商談を獲得

という流れがプル型の商談獲得方法の一般的な流れとなります。

プル型の商談獲得方法は、最初のリード獲得の段階において見込み客に何らかのアクションを起こしてもらう必要があるため、有名企業や長期間に渡って情報発信に力を入れていきたい企業などが有利になります。

こうした見込み客を獲得することは難易度が高いのですが、一方で商談に進むことができれば、成約につながりやすいという特徴があります。

一方、本書で主として取り扱うのはプッシュ型の商談獲得方法です。

プッシュ型で獲得する商談は、プル型で獲得する商談よりも潜在層となりやすい傾向にありますが、そうした見込み客を成約につなげていくことができるようになれば、事業成長へ弾みがつきます。

加えて、プッシュ型の場合はあらかじめターゲット層を設定してアプローチすることになるため、あなたの会社の商品やサービスが役立ちやすい見込み客に絞ってアプローチすることが可能になります。

プッシュ型の商談獲得方法では

・ターゲット設定をしてリストを作成
・そのリストに対して何らかのアプローチを実施して商談を獲得

という流れが一般的となります。


何らかのアプローチというのは、テレアポや郵送DM、フォーム営業といった方法が一般的です。

プッシュ型のアプローチ方法については、私がビジネスパーソンとしての歩みをスタートしてからずっと取り組んできたことの1つでもあり、様々な失敗や工夫と改善を経てきた、言ってみれば専門分野でもあるので第二章で詳しく解説していきます。

（※）リードとは
リードとは、自社の商品やサービスに興味を持ち、将来的に顧客になる可能性がある人のことを指します。プル型のセールスプロセスでは、マーケティング活動で取得した企業名や名前、メールアドレスや電話番号などのリード情報に対して連絡をして商談を獲得していくことになります。

・商談実施

B to Bで提供するサービスは高額になりやすく、またクライアントごとにオーダーメイドでサービスを提供することも多いです。

そのため、ECのように自動的に販売するよりも、商談を実施して成約に至るというセールスプロセスが一般的です。

ただ、商談を獲得して、その後は複数回の商談を重ねていく流れが一般的とはいえ、成約までの期間が長過ぎないかについては注意を払う必要があります。

高額になればなるほど意思決定までに時間がかかりますし、商談回数も増えやすいものですが、一般的な情報提供に時間をかけすぎてしまっていないか、また、毎回の商談の目的を明確にしているか確認することが大切です。

これまで成約に結びついたケースでは、どのような手順で商談を実施し、毎回の商談で何を説明してきたのかを振り返ってまとめてみるのもよいでしょう。

成約に至るケースでは、初回商談から成約までの期間が短いことが多いはずです。成約に至るまでの平均商談回数はどれぐらいで、毎回の商談のゴールは何か、そして、できる限り短期間でその商談を実施していくことを営業社員が意識するようになれば成約率に変化が出るはずです。

○基本的なセールスプロセスを改善する意味

ここまで、

・ターゲット設定
・商談獲得
・商談実施

という基本的なセールスプロセスを紹介してきましたが、既にご存知の内容も多かったことと思います。

でも、基本的なセールスプロセス通りに営業活動を実施しているつもりであればあるほど、そこに工夫が少なく、まだ改善の余地があることが多いものです。

もちろん、基本的な流れは大切であり、そこから大きく逸脱したセールスプロセスを構築する必要はないとも言えますが、ただ、どの会社でも基本的なセールスプロセスそのままの営業活動を実施していればよいかといえばそんなことはないのです。

もしそうであれば本書は必要ありませんし、ほとんどのB to B企業が黒字で成長を実現していることになってしまいます。

大きく変更する必要はないにしても、効率的なセールスプロセスを実現するためには改善や工夫が必要なのです。

具体的なセールスプロセスの改善や工夫を見ていく前に、会社ごとのオリジナルの改善を加えていって効率的なセールスプロセスを構築できた際のメリットを確認していきます。

・事業の成長につながる

効率的なセールスプロセスを構築できるということは、成約に至らない業務の削減につながります。

そうなるとどうなるでしょう。

営業社員の業務は売上に直結するようなものが中心となり、社員のモチベーションアップにつながります。

加えて営業社員による成果の差が小さくなることによって、属人性を減らすことができ、人材採用と売上伸長が比例する形になっていくことも期待できるでしょう。

属人性を減らすことができれば、営業社員をまとめるマネージャーの仕事の軽減にもつながっていきます。

逆に言えば、B to B 事業において成長を実現するためには、効率的なセールスプロセスの構築は必要不可欠とも言えるでしょう。

・組織体制を強化できる

効率的なセールスプロセスを構築できれば、分業が可能になり、さらに成約までのボトルネックとなっている箇所の特定も容易くなります。

そもそも分業は効率的なセールスプロセスを構築できていることが前提で、各工程の成果を最大化していくために分業にするからこそ、成果の最大化につながっていくものです。

分業が可能になるということは、苦手な工程についてはアウトソーシングの検討もしやすくなります。

昨今は人材採用が難しくなっていることやBPO（Business Process Outsourcing）サービスを提供する会社の増加を要因として、アウトソーシングの活用が一般的となっています。

言葉は悪いですが、単調な業務であれば、外部に委託し、社員は成果につながる業務に集中してもらうという考え方もできます。

営業組織について悩む経営者は多いですが、セールスプロセスが固定されれば、やるべきことが明確になりやすくなるのです。

・仕組み化ができる

効率的なセールスプロセスを構築できれば適切なＳＦＡ（営業活動を効率化するツール）ツールを決めて活用しやすくなりますし、またボトルネックとなっている箇所の特定も容易くなります。

特にＳＦＡについて言うと、ここ10年ぐらいの間にＤＸ（デジタルトランスフォーメーション）という言葉が大流行して様々なサービスが出てきました。

導入しないと時代に遅れてしまうと考える中小企業経営者も少なくなかったはずで、ＳＦＡやＭＡ（マーケティングを効率化するツール）、ＣＲＭ（顧客管理を効率化するツール）の導入や活用に勤しんだ企業は多かったように思います。

一方で、それらを使いこなせていない企業は少なくないという声も聞こえてきます。

これは、ＤＸそのものが目的となってしまった際によく起きる現象と言えるかもしれません。

目的があった上でそれを解決するために活用するのがＤＸという手段であることを忘れてはいけません。

効率的なセールスプロセス構築が実現すれば、管理方法や解決したい課題が明確になりやすく、DXなどの導入や活用が進みやすくなり、結果として属人性の低下、業務の仕組み化へとつながっていくのです。

事業の成長、営業組織体制や仕組み化について悩む経営者は非常に多いものですが、その解決策として効率的なセールスプロセス構築が一助になる可能性があります。

社員のモチベーションアップに苦慮しつつ、「営業は結果がすべて」と訓示を言う、いわばアメとムチのマネジメントで行き詰まりを感じているのであれば、「営業は過程がすべて」という考えに基づいたセールスプロセス構築に取り組んでみてください。

商品やサービスに関する要素

商品やサービスがあらかじめ決められていて、それをどのような営業活動を通して販売していくのかを考えるのが一般的です。

もちろん、この一般的な流れは間違いではありませんが、そもそも売れやすい商品やサービスになっているのか、そして販売できればクライアントの課題解決につながっているのか、そしてしっかりと会社に利益をもたらすことができるのかについての設計はしっかりと整えておく必要があります。

・商品やサービスの見せ方について

Ｂ to Ｂのサービスの場合、勝手に売れていくという状態は難しいかもしれませんが、それでもサービス内容に魅力があれば営業の労力を抑えることができるのは間違いありません。

そのため、商品やサービスがよいものであることは前提ではありますが、それがターゲット設定した見込み客にとって魅力的であるような見せ方も大切になります。

例えば、私が経営している会社では、ＡＩを用いたコールドメールによる商談獲得サービスを提供しています。

このサービスを、特徴そのままに「ＡＩを使用したコールドメールで商談を獲得するサービスです」と伝えるだけでは、きっと魅力は伝わらないと思います。

商談獲得サービスはテレアポやＤＭ、フォーム営業など巷にたくさん溢れているので、単純に商談獲得サービスという「機能」を伝えるだけでは、なかなか選ばれるサービスにはならないのです。

では、「アプローチ件数の最小化、獲得商談数の最大化を実現するサービスです」と伝えたらどうでしょうか？

単純に商談を獲得するというだけではなく、アプローチ件数を減らし、狙ったターゲットとの商談を実現するサービスということが伝われば、ちょっと話を聞いてみたいと思っていただけるのではないでしょうか。

アプローチ件数を減らすということは、一見すると営業セオリーの逆とも言えます。

多くの会社では、数多くの見込み客にアプローチを実施して商談を獲得するよう指示が出ているためです。

でも、実はアプローチ件数を減らした商談獲得を訴求することは、ベネフィットをダイレクトに伝えることにもつながります。

ＡＩでコールドメールを送るという「機能・メリット」を伝えるのではなく、少ないアプローチ件数で商談を獲得できるという「ベネフィット」を伝えるという見せ方が効果的であると覚えておきましょう。

・商品やサービスの価格設定について

商品やサービスがあらかじめ決められていて、それを営業活動を通してどのように販売していくのかを考えるのが一般的と紹介しましたが、価格まで決まってしまっていると営業活動に制限が設けられてしまう可能性があります。

というのも、マーケティングや営業活動に関する予算が決められてしまっていれば、当然それ以上の費用をかけることはできません。

100万円の商品において、マーケティングや営業活動の予算が30万円までとなっている場合、40万円の費用をかければ赤字です。

でも、マーケティングや営業活動に40万円をかけて商品を120万円にして販売したほうが、売れやすい場合も考えられます。

この場合はマーケティングや営業活動の費用と商品価格を上げることで、営業活動を効率化できることになります。

また、販売価格を上げても、原価は変わりません。

この場合、販売価格の上昇分だけ利益が増えることになるので、経営にもたらすインパクトは非常に大きくなります。


中小企業の営業の現場では、「客数を増やせ！」と号令をかけることが少なくありませんが、同時に「価格を上げろ！」という意識も必要です。

リスク管理の面から売上を数社に依存するのは考え物ですが、中小企業経営において顧客数を減らして価格を上昇させることは常に意識するべきです。

全体の売上が少なくなっても利益が増えれば経営は安定しますし、顧客数が減れば全体の業務量が減り、結果として1クライアント当たりにかけられる時間や労力が増

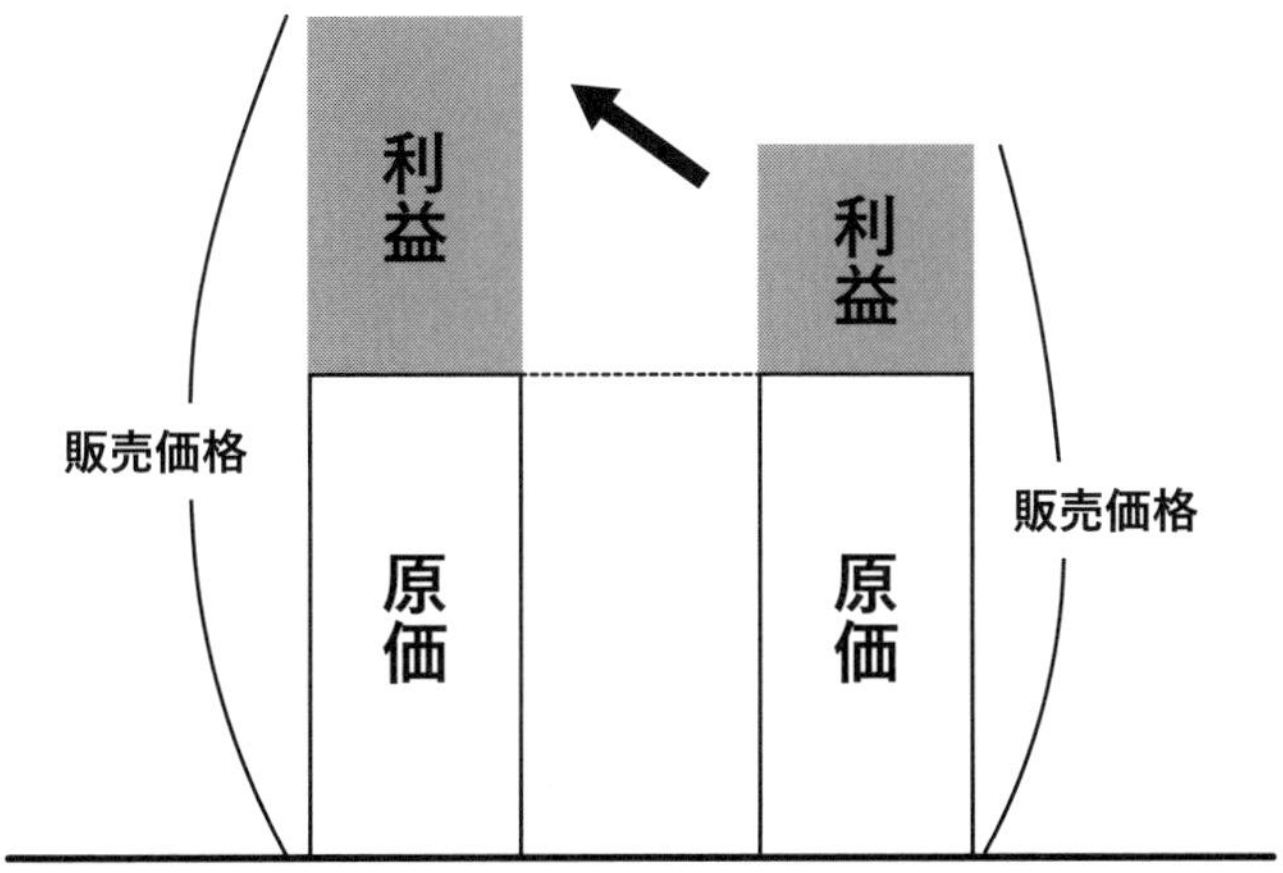

販売価格を上げた分、利益も増える

えるという効果も期待できます。

なお、ここでは商品やサービスの販売価格を上げて、マーケティングや営業にかけられる予算を増やし、販売を効率化することを紹介しましたが、もちろん注意点もあります。

それは、予算があることによって、マーケティングや営業活動に工夫が生まれづらくなるという現象です。

そもそも、売りやすい商品やサービスができたとしても、ずっと販売を続けていくうちに、少しずつマーケティングや営業活動にかかる費用の割合が増えていく可能性は高いものです。

予算があるからと考えて、コストカットの工夫を怠れば、その商品やサービスの寿命は短命になってしまいます。

商品やサービスの魅力を高めつつ価格アップを実現して利益や営業の予算を増やす、そしてコストカットの工夫を行いながらクライアントの満足度が高められるよう、サービスのクオリティ向上に力を入れていく…口で言うのは簡単ですが、実行することは容易ではありません。

でも、諦めることなくほんの少しずつでも取り組み続けることで、何年か経た後に、やっと大きな変化となって表れるものです。

【コラム】MA、SFA、CRMは必要？　どのようなものを使えばよい？

DXという言葉が流行したことによって、多くの企業がデジタル技術の活用で業務の効率化を図るようになりました。

マーケティングや営業を始めとした顧客との取引に関する業務においても、MA、SFA、CRMなどが導入されることが増えました。

その中で今回は、SFAについて見ていきます。

SFAとは「Sales Force Automation」の頭文字をとった略語で、日本語では「営業支援システム」と呼ばれています。

主として

・顧客情報の管理と共有
・営業社員の行動管理（営業日報など）
・売上管理と売上予測
・営業データの分析

を目的として活用されるものです。

本書は営業活動の効率化を目指す方に読んでもらうことを目的としているため、

既に導入している企業がほとんどだと思いますし、営業活動を効率化することを目的とした場合には是非導入するべきものだと考えています。

でも一方で、顧客情報管理だけのためにしか利用していない企業も少なくないと聞きます。

多くの機能が搭載されたSFAツールが多いので、どれを選べばよいのかわかりづらいものですが、個人的には高額な費用をかけて高機能のSFAツールを導入するよりも、

・顧客管理ができること
・構築したセールスプロセスを適切に管理できること
・セールスプロセスのボトルネックとなっている箇所を分析できること

が大切で、高額なものでなくても十分だと考えています。

MA、SFA、CRMが一体化した統合型のツールもありますが、会社の規模を考え、また社員が使いこなせるかについても検討する必要があります。ツールへの入力、運用が大変だと、ツールの利用が目的となってしまうリスクも伴います。

最初からすべてを網羅する必要はありません。

まずはセールスプロセスの構築と、必要な機能を備えたＳＦＡの導入を優先し、その後必要に応じて他のツールの導入を検討していきましょう。

第2章

BtoB営業の商談獲得術

第二章では、商談獲得方法について深堀りしていきます。

主としてターゲット設定と、そのターゲットに対してのプッシュ型の商談獲得方法についての話となります。

現状、順調に商談を獲得できている一方で成約率が低いのであれば、そもそものターゲット設定や商談獲得方法に問題があるかもしれません。

一部、営業活動におけるセオリーと異なる内容も含まれるかと存じますが、固定観念にとらわれず、フラットなマインドで読み進めてもらえれば幸いです。

ターゲット設定

まずはターゲット設定について見ていきましょう。

「誰に」「何を」「どのように伝えて」商談獲得を実現していくか、という3つの要素のうち、ここでは「誰に」の箇所を考えることになります。

ターゲット設定というと、既存の顧客から理想のクライアントを見つけ、その理想のクライアントと同じ属性（企業規模や業種など）を基に設定していくことが多いと思います。

もちろん、これで間違いないことも多いですが、最初に決めたターゲット設定が少しずつ変わっていき、いつの間にか商談を獲得しやすい企業がターゲット設定されてしまっていることは珍しくありません。

商談を獲得しない限り売上が上がることはありませんので、商談できているということは大切です。

ただ、商談を獲得しやすい企業と、売上につながりやすい企業は違う可能性があります。

商談は売上のための手段であり、決して目的ではないのです。にもかかわらず、商談を獲得できない状態が続くといつの間にか、商談自体が目的となってしまうことが少なくないので注意しましょう。

また、昨今は分業が進んでいて、

・マーケティング（リード獲得）

・インサイドセールス（商談獲得）
・フィールドセールス（商談実施）
と、役割ごとに違う部署がクライアント対応を行っていることが多いのも、商談数ファーストの考えに拍車をかけてしまっています。

プッシュ型の顧客獲得方法の場合は、マーケティング活動でリードを獲得するのではなく、アプローチしたい企業リストを用意するところから始まります。その後インサイドセールスがその企業リストに対してＤＭ送付やテレアポを実施して商談を獲得、そしてフィールドセールスが商談を実施していくという流れになるでしょう。

インサイドセールスは商談数がＫＰＩとなるために、売上につながるかどうかはあまり考えず、結果として商談を獲得しやすいターゲット設定をしてしまいがちです。

そのため、極端な表現になりますが、どんなクライアントでもよいからとにかく商談数を増やすことを目的にしてしまうといった事態も起こりかねません。

この状況が続くとフィールドセールスの社員は「質が悪く売上につながらない商

談ばかりだな」と不満を感じるようになり、結果としてそれぞれの部署が自身の都合ばかり考えた、成果の上がらないセールスプロセスになってしまいます。

インサイドセールスであってもフィールドセールスであっても、最もやりがいを感じるのは成果につながることです。

自分が獲得した商談、自分が実施した商談が成果につながることがやりがいになることを考えれば、ターゲット設定は非常に大切です。

なお、どのようにターゲット設定をするのかについて迷った際には、2つ以上の要素をかけ合わせることを考えてみるとよいでしょう。

例えば、ウェブ広告会社が新規でウェブ広告に取り組む場合について考えてみます。

この場合、「ＹｏｕＴｕｂｅに取り組んでいる企業×有形商材を扱う企業」のように、2つの要素をかけ合わせてターゲット設定すると、どのような企業であるかのイメージが社員間で共有しやすくなり、さらにどのようなメッセージを伝えて商談を獲得するかという戦略を立てやすくなります。

ざっくりと「建設業界」といったように1つの要素のみに基づいてターゲットを設定するよりも2つ以上の要素をかけ合わせたほうが、ターゲット設定としては有効性が高くなります。

プッシュ型の商談獲得方法の場合、アプローチ企業数はある程度必要ですが、前提として

①商談の獲得しやすさよりも売上につながりやすいターゲット設定
②2つ以上の要素をかけ合わせてイメージしやすいターゲット設定

この2つを意識することで商談の質を高めることができます。

不特定多数へのアプローチで多数の商談を獲得していくのではなく、売上につながる可能性がある＝やりがいのあるターゲットとの商談獲得を目指していきましょう。

どのように商談獲得につなげるか

ターゲット設定を考えたその次は、商談するために、どんなことを伝えていけばよいのかを考えていきます。

「誰に」「何を」「どのように伝えて」商談獲得を実現していくか、という3つの要素のうち、ここでは「何を」の箇所を考えることになります。

・ターゲット設定したからこそ、メッセージが決まる

ターゲット設定がしっかりとできていれば、何を伝えればよいかを考えるのが簡単になり、さらに商談獲得もスムーズになりやすいですし、逆にターゲット設定ができていなければ、誰にも読んでもらえないようなメッセージになってしまいやすいので注意が必要になります。

これについては、私も以前大きな失敗をしてしまった経験があります。

もう何年も前の話になるのですが、100件のDMを送るたびに1件の商談を獲

得できていた時期がありました。

そのときの私は、送付した件数におおよそ比例して商談を獲得できるという自信があったので、DMの送付件数をKPIに設定して社員の業務管理をしていました。

しかし、おわかりの通りだと思いますが、送付件数をKPIにした場合、たくさんのターゲットリストに一度に送信してしまうことが一番効率的に業務を実行できることになってしまいます。

するとどうなるでしょうか?

幅広い企業リストに対してセールスレターを送るようになるので、メッセージは汎用性の高いものになってしまい、結果として商談獲得はどんどんと実現しづらくなっていきます。

DMを送付する費用もかさむようになり、商談化率もどんどんと下がっていってやっと私はKPIをDM送付数にするという愚策に気が付いたのでした。

誰にでも送れるようなメッセージは、逆に言えば誰の心にも響かないようなメッセージです。

もちろん、あまりにも細かいターゲット設定をすると企業リスト数自体が少なくなりすぎてしまいますが、できる限りターゲットは絞り、商談化率の上昇を目指すことが質のよい商談のために必要不可欠な考え方と言えるでしょう。

・ベネフィットは伝えるが、具体的なことまで話しすぎない

ターゲット設定ができれば、どのようなことを伝えていけばよいのかはイメージしやすくなりますが、ただ商談したいですと伝えても、よほど暇な人でない限り相手にしてもらえない可能性が高いです。

そのため、当たり前ではありますが、ベネフィットを伝えて興味を引き、商談獲得を狙っていくことが大切になります。

ベネフィットとは、機能ではなく、そのサービスを利用することによって何が実現できるのかを伝えることに他なりません。

例えば、補助金申請のコンサルティングや申請代行のサービスの場合について考えてみましょう。

「貴社に適切な補助金を探して申請代行のお手伝いをします」

と伝えたら商談を獲得できるでしょうか。

補助金申請のニーズがある場合については商談してみようと考えるかもしれませんが、そもそも補助金申請のニーズがないクライアントは商談をしようとは考えないはずです。

では、

「展示会に1回の出展費用で2回出展できる補助金」

「社員が1人増えるたびに／社員の賃金を上げるたびに数十万円単位でお金がもらえる」

といった言葉があったらいかがでしょうか？

前者のメッセージはこれまでに展示会に出展している企業リストを用意して送ることで興味を持っていただいた上で商談を実施できる可能性がありますし、後者のメッセージであれば採用活動をしている企業リストに送ることで商談につながる可能性がありそうです。

ベネフィットを伝えるときには数字を使ったり、また過去の同業他社の事例を伝えるなどして、サービス導入後をイメージしてもらえるようなメッセージを伝えていくことが大切です。

また、具体的であればあるほどよいものではありますが、かかる労力とのバランスについては考える必要があります。

あくまでも商談を獲得する段階なので、1件ごとにあまりにも労力がかかったメッセージを作成していると実際に商談に進んだ企業のための準備時間が少なくなってしまいます。

・商談を獲得するために必要な限定性や緊急性

プッシュ型の商談獲得方法の場合、あなたの企業やサービスに対して、強い興味がある状態で最初の商談となるケースは多くありません。

展示会で興味を持ってもらったり、最初から同様のサービスを探していた場合であれば話は別ですが、プッシュ型の営業の段階ではそこまでの興味を持ってもらえていない可能性が高いのです。

そのため、テレアポであったりDMを送る際に伝えるメッセージでは、なぜ今商談をするべきなのかについて、限定性や緊急性を用意して発信していく必要があります。

例えば、●社限定の無料キャンペーンを実施したり、近い将来の値上げが予定されていればその日付を伝えて緊急性を感じてもらうことも一手です。

プッシュ型のアプローチから成約に結びつく場合は「興味は少しだけあるけど、今ではなくてもよい」という状態からスタートして、最終的には「どうせいつか取り組む必要性が出てくるから今始めよう」という決断を導き出す営業が必要になります。

興味が少しだけある状態の見込み客との商談獲得に苦労している場合には限定性や緊急性を意識したメッセージの発信を試してみましょう。

目的は商談獲得に絞って伝える

また、プッシュ型のアプローチで伝えるメッセージは商談獲得という1つの目的に絞る必要があります。

どうしても、

・資料はこちら
・サービス紹介のＬＰはこちら
・弊社の他のサービスはこちら
・今後開催のセミナーはこちら

と、様々な提案をしたくなってしまうものです。

でも、あくまでも最初のアプローチにおいては商談獲得という１つの目的を訴求していくことが大切です。

もちろん、「まずは資料だけもらえますか」と聞かれた場合には対応する必要がありますが、そうでない場合はあくまでも商談獲得に焦点を絞ったメッセージを伝えていきましょう。

プッシュ型の商談獲得方法まとめ

ここまで「誰に」＝ターゲット設定、「何を」＝セールスレターやメッセージについて紹介してきました。

次は「誰に」「何を」「どのように伝えて」商談獲得を実現していくか、で考えた際の「どのように伝えて」の箇所について見ていきましょう。

「どのように伝えて」の箇所は、アプローチ方法を指します。

本書はプッシュ型のアプローチを前提としているので、

・コンテンツマーケティング
・広告（オンライン・オフライン）
・展示会
・セミナー開催

といったプル型の手段を省いて解説させていただきますが、上記のようなプル型のマーケティング施策で得られたリストに対してプッシュ型のアプローチをするケースも少なくないと思います。

そのため、プル型のアプローチを前提としている場合であっても参考にしていただければ幸いです。

基本的なプッシュ型のアプローチとしては、

・飛び込み営業
・テレアポ

・郵送のＤＭ
・ＦＡＸＤＭ
・フォーム営業
・コールドメール
といったものが挙げられます。

ＢtoＢでプッシュ型の営業に取り組んでいるのであれば、いずれかのものには取り組んだことがあるのではないでしょうか。
簡単に各アプローチ方法について見ていきましょう。

・飛び込み営業

店舗型ビジネスやＯＡ機器などオフィス設備などに関連したサービス、また、金融や保険、不動産など比較的幅広い層がクライアントになりえるようなサービスを扱っている企業に向いている方法です。

商談化率が必ずしも高いわけではないので、営業マニュアルやトークスクリプトがあったとしても、営業社員の力量が成果に影響をもたらしやすいと言えます。

・テレアポ

Ｂ to Ｂの場合、何らかの形でテレアポを採用している企業が多いのではないでしょうか。

テレアポは展示会やセミナーで開催したリードなど、一度接触があった相手に遅滞なく連絡することで成果を上げやすくなります。

一方で、最初のアプローチとしてテレアポを実施する場合は、飛び込み営業と同様に営業社員によって成果に大きな差が生まれやすいです。

１コール２００円～３００円ぐらいでテレアポ代行サービスを提供している企業

もあるので、トークスクリプトなどを用意してアウトソースするのも一手です。

・郵送のＤＭ

プッシュ型のアプローチというとオンライン施策を採用する企業が多いですが、オフライン施策も効果を発揮することがあります。

飛び込み営業やテレアポの場合は、経営者などのアプローチしたい人までたどり着かないことが多い一方で、郵送物、それも手書きの手紙であればアプローチしたい人まで届く可能性があります。

郵送ＤＭの場合は、詳細なターゲット設定を実施し、業種や業態に合わせてできる限りカスタマイズしたメッセージを伝えることで商談を獲得しやすくなります。

・ＦＡＸＤＭ

メールが普及した昨今は文章や写真を簡単に送ることができるようになったのでＦＡＸを用意していない企業が増えてきていますが、医療業界や建築・不動産、また士業事務所などはＦＡＸを用意していることも多く、まだまだＦＡＸＤＭが有効な場合があります。

しかし、ＦＡＸＤＭは安価に同じ文章を大量に送る方法です。

そのため、いきなり商談を依頼するよりは、セミナーへの参加を促したり無料冊子をプレゼントするキャンペーンを告知し、申し込みをしてくれた方に対して商談を依頼するという使い方を検討するとよいでしょう。

・フォーム営業

昨今、増えてきているのが問い合わせフォームから連絡するフォーム営業です。

それこそ、会社を経営していれば、お問い合わせフォームから営業の連絡が届かない日はないのではないでしょうか。

毎日色々な連絡が来て、私もサービスに興味を持って何度か話を聞いてみたことがあります。

フォーム営業はターゲット設定と伝えるメッセージの改善を行って実施していくことでしっかりと商談を獲得できるアプローチ方法です。

ただ、安価なので大量に配信する企業が多くてイメージがあまりよくなかったり、また、実施し続けることによって反応率がどんどん下がっていくことも少なくないので注意は必要です。

・コールドメール

海外では一般的なプッシュ型のアプローチ方法がコールドメールです。

コールドメールはウェブ上に公開されているメールアドレスにアプローチする方法で、フォーム営業とよく似ていますが、フォームからの営業に比べて返信率が高いというメリットがあります。

ただ、大量配信の営業メールと思われた場合は、返信率が大きく下がるので、できる限り送信相手に合わせてカスタマイズしたセールスレターを送ることをおすすめします。

以上が、B to B 企業でよく利用されるプッシュ型のアプローチ方法です。

どの方法が効率的であるかについては、サービスや設定したターゲット等によって異なります。

ＢｔｏＣの話にはなってしまいますが、例えば、新聞の折込みチラシで告知するサービスは、不特定多数の比較的大多数の人が気軽に利用できるようなものであることが多く、郵送ＤＭで告知するサービスは特定のターゲットに届けたいからこそ利用していると考えられます。

ターゲット設定が狭いほど、個別にカスタマイズした情報伝達方法が効果を発揮しやすいということになります。

迷った際は、以下の表を参考にしてどのような手段でメッセージを届けるかを検討してみていただくとよいでしょう（あくまでも目安です）。

	属人性	再現性	カスタマイズ性	返答率	外注費用
飛び込み営業	高	低	高	低	高
テレアポ	高	低	中	中	中
郵送DM	低	高	低（大量配信）	中	中
FAXDM	低	高	低（大量配信）	低	安
フォーム営業	低	高	低（大量配信）	低	安
コールドメール	低	高	中（工夫も可）	高	中

アプローチ件数の最小化、商談数の最大化の施策のすすめ

商談数を増やしたいと考える経営者は多いものです。

確かに売上をアップさせることを考えた場合には、商談数を増やすという施策は効果的です。

これは売上を構成する計算式を考えれば理解しやすいでしょう。

売上＝顧客数（＝商談数×成約率）×単価

上記のように、商談数、成約率、単価、それぞれをアップさせることで売上の増加につながることは間違いありません。

では、商談数を上げるためにはどうすればよいと考えられるでしょうか。

こちらも計算式にしてみましょう。

商談数＝アプローチ件数×商談化率

いかがでしょうか。

かなり乱暴な計算式ではありますが、上記のような計算式で導き出すことができるはずです。

この際、1件当たりのアプローチ費用が安価であれば、アプローチ件数を増やすことを目指すでしょうし、アプローチに高額な費用や労力がかかるのであれば商談化率を増やすための施策を考えることになるはずです。

商談数を増やすためには、例えばターゲット設定をより明確にしてセールスレターを工夫するといった改善策が考えられます。

また、先ほど紹介したアプローチ方法で別のものを試してみるというのも有効でしょう。

○基本的にはアプローチ件数以外の施策を

売上をアップさせるためには商談数が必要で、そのためには、
・アプローチ件数アップ

・商談化率アップ
のいずれかを考える必要があることをお伝えしましたが、まずは商談化率を上げる改善策を重点的に取り組むことをおすすめしています。

反応率が悪くなったらとにかくアプローチ件数を増やすという考え方もありますが、アプローチ件数増加には様々な問題が生じる可能性があるからです。

実際に、私の会社でもかつて商談数にこだわるがあまり起こった、副作用とも言うべき反省点を恥ずかしながら紹介しておきます。

・社員のストレス増加や疲弊

とにかくアプローチ件数を増やそうという考え方は、頭を使うよりも労力を使うという考え方ですが、それを実現するためには労働時間（＝作業量）が増えることにつながるので、社員のストレスは増加します。

そもそも、商談化率が低い施策の場合、それに比例する形でクレーム数も多くなる傾向にあります。

つまり、単純に商談数を増やすためにアプローチ件数を増やすことは、作業量と対応クレーム数を増やすことにつながるのです。

さらに、社員の疲弊や、やらされ感が商談時に見込み客に伝われば、成約率の悪化にもつながってしまう可能性があります。

・費用の安い施策になりやすい

アプローチ件数を増やすことは大切という考え方もありますが、これはサービスによります。

不特定多数の人を対象にしたサービスであれば、1人でも多くの人にそのサービスや会社を知ってもらうことが大切なので、安く大量に見てもらうという施策が中心となります。

この場合、テレビ広告をはじめとしたマス広告も検討するとよいかもしれません。

ただ、大量配信を実施する場合、伝えるメッセージは幅広い人に届く、簡単なメッセージになりがちです。

そして、B to B事業を手がける企業の場合にはこうしたメッセージがふさわしくないのはお伝えした通りです。

おそらく、大量配信で実現する商談は、たまたま時間が空いていたから話を聞いてくれるような企業担当者であることが多く、なかなか成約に結びつかない商談となってしまいやすいのです。

BtoB事業や高額商材の場合には、不特定多数に呼びかけるような大量配信の施策ではなく、詳細なターゲット設定をした上で、興味や関心を引くようなメッセージにすることがセオリーです。

・いつの間にか商談獲得単価が上昇

大量配信を前提とした場合、商談を獲得するためにアプローチ件数を増やすことに力を入れることになります。

もちろん、社員や部下が商談を獲得しようと力を尽くしてくれることほど嬉しいことはありません。

実際に私も、一生懸命にたくさんのDMを送っている社員に対して頑張ってくれているなと感じていたこともありました。

しかし、それをよしとしていると、いつの間にか商談獲得単価が上昇していることがあります。

アプローチ件数増加に伴ってどんどん費用がかかり、もともとは安いから大量配信していたのにもかかわらず、いつの間にか、商談獲得単価とトータル費用がどんどんと上昇していってしまっている可能性があるのです。

・会社の評判の低下

アプローチ件数を増やすということは、あなたの会社やサービスに興味がない人に対してもメッセージを届けるということになります。

でも、不特定多数の人に大量にメッセージを届ける戦略は、クレーム数の増加につながります。

一方、しっかりとターゲティング設定した特定の人にオリジナルメッセージを送れば、断られることはあるかもしれませんが、クレームにつながることは少ないものです。

以上のように、アプローチ件数を増やすことは、あまりよい結果を生み出さないことが多いと考えることができます。

私も、社員のストレスやクレームの増加を経験し、その後の試行錯誤を経て、少ないアプローチ件数で質の高い商談を生み出せるようになりました。

とにかくアプローチ件数を増やすという施策に取り組む前に、まずは、絞り込んだターゲット設定と、訴求力の高いメッセージをベースとした商談獲得方法を考えて実行していきましょう。

無理なく商談獲得ができるということ

ここまで、商談獲得について紹介してきましたが、私は商談獲得の段階が最も営業社員のモチベーションを下げやすいと考えています。

実際、営業職をやりたくないと考えている人に理由を聞くと、

「テレアポが嫌だ」

「クレーム対応が嫌だ」

「基本的に断られるのが嫌だ」

という商談獲得の段階に起因する返答をもらうことが非常に多いものです。


もちろん、ノルマや目標が辛いというのも営業職を嫌がる理由の大きな要因ではありますが、成果につながらない大きな理由の1つは、商談獲得のやり方に問題があると私は考えています。


想像してみてください。

潤沢な予算がある企業が興味を持ってくれている状態で商談できたなら、どう思うでしょうか？

きっと営業職は楽しくなるでしょうし、よい提案をしようという気持ちや成果へのやりがいを感じられるのではないでしょうか。


一方で、予算があまりない企業で、さらに商品やサービスに対してもとりあえず聞いてみるかといった感じで対応してくる商談ばかりであれば、準備することを面倒に感じてしまうことが想像できるはずです。

営業社員のためにも、商談獲得の段階は絶対に妥協してはいけないのです。

また、私が商談獲得の段階にこだわっているのは、社員のモチベーションのためだけではなく、費用面においての理由もあります。

営業活動は費用がかかることは間違いありませんが、最も費用がかかるのが商談獲得に関連する費用ではないでしょうか。

B to Bの場合、1件の商談獲得にかかる費用は1万円から10万円程度までと幅広く、増加傾向にあります。

DMや電話代などの通信費はもちろん、商談獲得に営業社員の時間や労力がかかっている場合には人件費の多くが商談獲得にかかっていることになります。

だからこそ、ここまで紹介してきたように、

・絞り込んだターゲット設定
・ターゲットに届くセールスレター
・適切なアプローチ方法

のすべてを妥協することなく取り組んでいただくことが大切であると考えています。

ターゲットやサービス、地域や単価などの様々な要因によって最適な商談獲得方法は異なりますので、これが一番ですと言えないのはもどかしい限りですが、試行

錯誤を繰り返しながら改善を続けていただくことが一番の近道となるでしょう。

【コラム】日程調整ツールについて

日程調整ツールをご存じでしょうか？

P32でMAやSFAなど、営業のDX化に関するツールを紹介しましたが、日程調整ツールもうまく活用することで業務効率化につながりますので、ここで簡単に紹介させていただこうと思います。

コロナ禍以降、ウェブ商談が一般化していますが、初めて知り合った人とウェブ商談の日程をメールで決める場合、下記のような流れになるはずです。

自分のスケジュールを確認してこちらの空いている日時を伝える（複数候補）

↓

相手から日時についての返答が来る（例：●日10～13時の間なら空いています）

※提案日時の都合がつかない場合、別日程の提案が来る

↓

再度、日時を指定して連絡（例：●日10時からいかがでしょうか？）

↓

許諾の返信が来る（日時が決定）

←ウェブ商談のURLを送る&カレンダー（スケジュール帳）に日程とURLを記入

スムーズにやり取りができたとしても、メールで連絡を取り合って打ち合わせ日時を決めると上記のような流れになるはずですし、連絡を取り合っているうちに別の予定が入ってしまえばさらにやり取りに手間がかかります。

これを解決するのが日程調整ツールです。

多くの日程調整ツールは、スケジュール管理とウェブ会議システムを連携させることが可能です。

私も利用しているのですが、スケジュール管理とウェブ会議システムが連携した調整ツールのURLがあり、打ち合わせをしたいクライアントにそのURLを送ります。

URLをクリックすると私のスケジュールの空いている日時が表示され、クライアントはその中から自分の都合のよい日時を選択して、個人情報とメールアドレスを入力します。

そうすると、自動的にウェブ商談のＵＲＬがクライアントにメールで送られ、私のスケジュールにも自動的に予定とウェブ商談のＵＲＬが掲載されることになります。

日程調整ツールのＵＲＬを送る

↓

ＵＲＬをクリックすると私のスケジュールが表示されるので、クライアントに日時を選んでもらう

↓

自動的にウェブ商談のＵＲＬがクライアントに届き、私のスケジュールにも掲載される

連絡のやり取りに時間がかかるのは、双方にとってストレスになる可能性があります。

私は、将来的には当たり前のように日程調整ツールを使うときが来ると考えています。

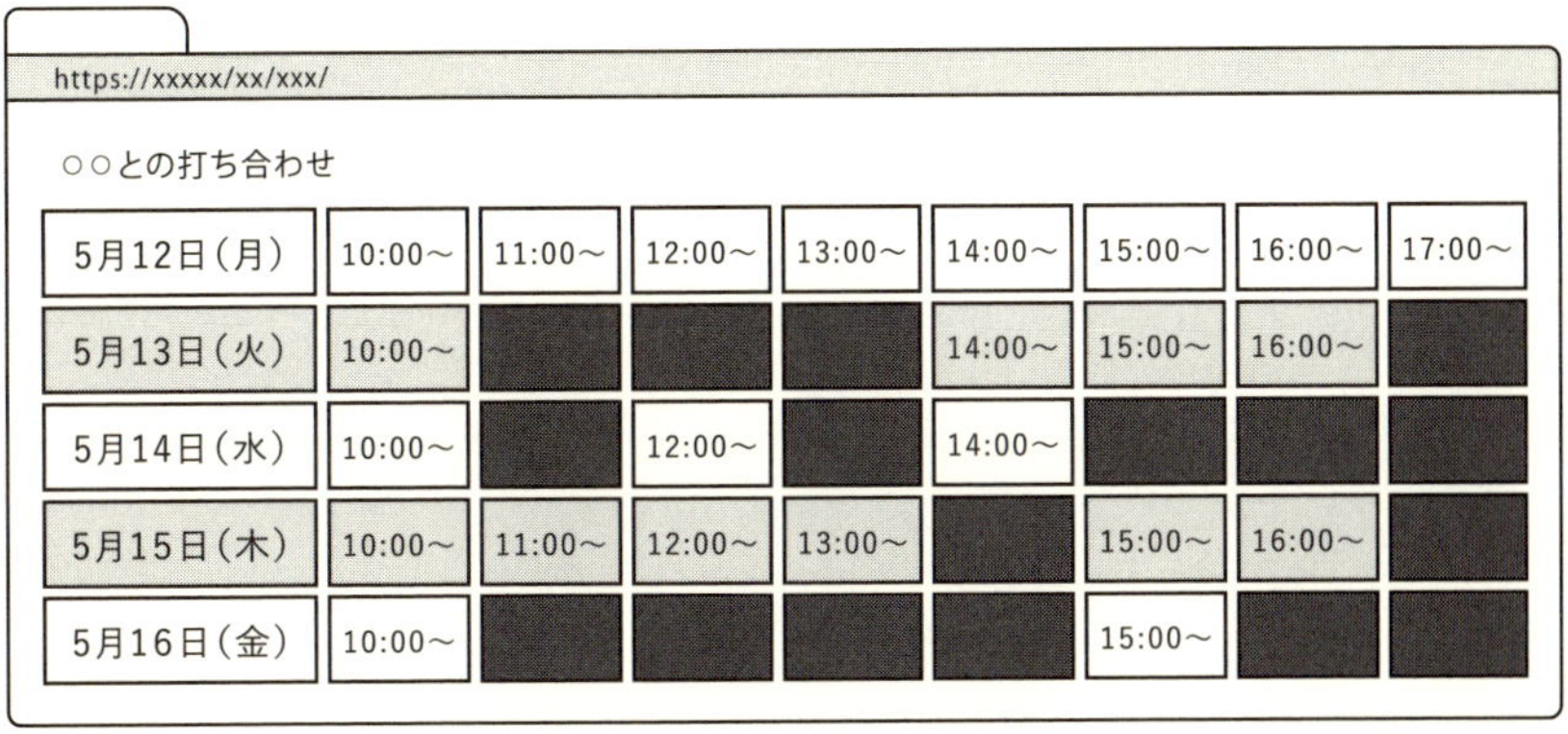

導入費用も比較的リーズナブルなので、まだ導入していない場合は一度検討してみるとよいでしょう。

【注意すべきこと】

私は主としてクライアントとの打ち合わせ日時を決めるときに日程調整ツールを利用していますが、商談獲得時に利用する場合は注意が必要になります。

というのも、日程調整ツールを利用して商談を獲得しようとすると、一般的に反応率が下がるためです。

日程調整ツールは商談したいという気持ちが強い場合には利用していただけますが、一方で、URLが送られてくるだけなので少しドライなイメージを持たれるケースがあり、効率的に商談を獲得したいという想いが伝わってしまう可能性があります。

こちらはURLを送るだけ、一方のクライアント側は自分の日時を確認して企業名や名前、メールアドレスを入力しなければならないとなると、なんとなくフェアじゃない気持ちを感じる人がいるのもわからなくはありませんよね。

日程調整ツールは便利でおすすめではありますが、初回の商談獲得時にはこちらから日程の候補をお伝えするようにして、初回商談時以降に許諾を得た上で日程調整ツールを使っていくといった工夫をしていくとよいでしょう。

第3章

商談を獲得した後

第三章では商談を獲得できた後にやるべきことを見ていきましょう。

基本的なセールスプロセスでは
・商談獲得→商談実施
と進んでいくものと考えると思いますが、私はいきなり商談を実施して自社や自社サービスの話をしていくことは非常にもったいないと考えています。

第三章では商談獲得から実施までの間にやれること、やるべきことについて見ていきましょう。

営業活動は温度感が大切

営業活動では温度感が大切になります。

見込み客の温度感に焦点を置き、いかにして温度感を上げることができるのか、そしてどうすれば温度感が高いうちに成約につなげることができるのかについて徹底的に考えることが大切なのです。

・決断する人は忙しい

金額やサービスにもよりますが、中小企業であれば経営者が意思決定をするケースが多いものです。

そして、経営者は、それ以外にも多種多様で複雑な業務を抱えていることが多く、単純に忙しいのが普通です。

そんな経営者を相手にして、商談することが決まってからしばらくして商談を実施、その後またしばらくしてから商談…と期間を空けながら商談を進めていけば、なかなか成約には結びつきません。

毎回の商談時に温度感が上がっても、他の業務や商談を進めている間に他のことに熱を上げるようになってしまうことが多いのです。

大前提として、忙しい意思決定者に対して、毎回温度が上がっては下がっていくという流れを繰り返しては決まるものも決まらないということを覚えておきましょう。

・基本的な考え方、鉄は熱いうちに打て

新規開拓の営業活動における見込み客との接触については

①　接触回数は多く
②　接触頻度は高く
③　接触は短期間で

という3つを守ることが大切です。

最初の商談が決まったら、その後、接触回数と頻度を保ちながら見込み客の温度感を高めて成約まで進んでいくのが理想です。

では商談をすることが決まり、その商談実施までに接触がなければどうなるでしょうか。

商談することが決まった段階では、期待が高まり温度感が上がったにもかかわらず、商談までには温度感が下がってしまっている可能性があります。

もったいないと思っていただけたら、あなたは営業のセンスがあります。

そう、商談することが決まった時はこちらの温度感も上がっていますが、見込み客の温度感も上がっている可能性が高いのです。

商談時までその温度感を保つ工夫をするか、あるいは温度感をさらに高める行動をとっておくことの有効性が理解できるはずです。

商談までにやるべきこと

商談が決まった後に商談実施まで何もしなかった場合、温度感は下がっていってしまう可能性が高いです。

では、どのようなことができるでしょうか。

私の会社で取り組んでいる事例を中心に、商談までに見込み客の温度感を保つ、あるいは温度感を高める工夫をいくつか紹介していきます。

・動画を送ろう

昨今、初回の商談はオンラインで行うことが増えています。

この場合、商談を依頼した側からウェブ商談用のＵＲＬをメールで送るのが一般的ですが、せっかく見込み客と接触するタイミングで必要最低限の内容を送るだけでは少しもったいない気がします。

私の会社では、10分未満のミニセミナー動画を送ったり、30秒程度のサービス紹介アニメーション動画を送るといった工夫を実施しています。

送ったからといって全員が視聴してくれるわけではありませんが、それでも再生回数を見てみると、高確率で視聴してもらえていることがわかります。

動画は、PDFの資料などに比べると気軽に見ることができますし、ただウェブ商談のURLを送るだけに比べると見込み客の温度感を維持する効果を期待できます。

動画を送る際の注意点は、動画の中で詳しいサービス紹介まではしないことです。サービス紹介は商談時に行うことであり、動画はあくまでも興味やニーズを引き出すことを目的としているためです。

ノウハウや知識などをお伝えしたり、また、既存クライアントとの対談動画などを用意して、企業やサービスへの興味を引き出すことを狙っていくようにしましょう。

・本や小冊子を送ろう

動画はオンライン上で完結する施策ですが、見込み客の温度感を高めるという点においてはオフライン施策が非常に効果的です。

私の会社では、商談が決まった際に

・会社案内
・自己紹介（プロフィール）シート
・本

を郵送にてお送りさせていただいているのですが、見込み客が本を商談時までに読んでくれていることも多いです。

オンライン施策に比べると、オフライン施策は制作費や郵送費など、それなりの費用がかかりますが、それでも自社サービスに興味を持ってくれている見込み客が商談時までに本を読んでくれていると商談が非常にスムーズに進みます。

動画はすぐに見終わってしまいますが、本を読み終わるまでには少し時間がかかるというのも、温度感を高める効果につながっているのかもしれません。

なお、ＰＤＦでいいという意見もありますが、オンライン上で文量の多いものを読むのは少しハードルが高く、やはり物理的に手に取って読むことができる本がおすすめです。

本をつくるのは労力や費用的に難しいという場合は、これまでの事例やノウハウをまとめた数十ページ程度の小冊子で代用するのもよいでしょう。

ここでは、動画や本、小冊子をおすすめしましたが、これらは接触頻度や接触回数を増やして温度感を高めるという効果を期待でき、さらに情報を伝えることによって意思決定を容易にするという効果も期待することができます。

人材サービスやコンサルティング、システム開発やＨＰ制作、広告運用代行など無形商材の購入を検討する場合、どの企業にお願いをすればよいのかの判断基準がわかりづらいと感じることが少なくありません。

価格で決めてしまって痛い目を見た経験のある経営者も少なくないと思いますが、もし過去の事例や強みなどの情報をしっかりと伝えてくれている企業があったらどうでしょうか。

十分な情報をもらうことができれば判断しやすくなるはずで、結果として相見積もりでの勝率アップも期待できます。

また、動画や本を送って情報を伝えてから商談を実施するセールスプロセスを採用すれば、営業社員による差を減らすことができ、営業組織全体のパフォーマンスの底上げにつながっていきます。

商談のための準備

商談までにやるべきこととして、情報を伝えて商談の質を上げることをおすすめさせていただきましたが、商談準備も合わせて進めていく必要があります。

まずは、

・商談を実施する企業がどのような課題を抱えていそうか
・自社のどんなサービスを提供すれば解決へとつながりそうか

について考えておく必要があります。

有形商材の場合であれば、どのようなものが求められそうかをイメージした上で、他社の事例を伝える準備をしておくとよいでしょう。

こんなケースがありました、とケーススタディを伝えることができれば、購入後のイメージを持ってもらうことができるはずです。

一方で、無形商材の場合には、似たような企業の事例を用意しておくことに加えて、想定する課題に対しての仮の提案書を用意しておくことをおすすめします。

単純でわかりやすいサービスであれば、どのようなサービスなのかについての説明が大切かもしれませんが、無形商材の多くはクライアントごとにカスタマイズしたオーダーメイドサービスを提供するのが一般的です。

もちろん、商談実施前ということもあり情報は少ないものですが、それでもこんな課題を抱えているのではないかという課題を想定して、仮の提案書を用意しておくのです。

商談時には簡単なサービス内容を説明した上で「今回、仮の提案書をつくってみたのですけど…」と切り出して、提案書を提示してみましょう。

もしクライアントが想定通りの課題を感じていた場合には、仮の提案書に対しての宿題をいただける可能性が高まります。

例えば、営業代行会社が、見込み客はエンタープライズの新規開拓に課題を感じているのではないかと考えて仮の提案書をつくってみたとします。

この場合、商談時に仮の提案書を見せると見込み客から

「実は狙いたいターゲットは、大企業よりもベンチャー企業なんですよ」

といった本音の言葉をいただけることがあるのです。

本音をいただけたら、次回、ベンチャー企業の新規開拓についての提案書を用意した上での打ち合わせの機会をいただける可能性が高まります。

もし、簡単なサービス説明後に

「ところで、御社は営業についてどのような課題を感じていますか」

と続けたところで、素直に自社のターゲットや悩みを話してくれる可能性は決して高くありません。

でも、仮の提案書があることによって話しやすくなり、具体的なターゲットを教えてくれたり、不足しているリソースについての相談をしてくれる可能性があります。

初対面の人といきなり30分間話してくださいと言われるとなかなか話が弾まないかもしれませんが、●●について話してくださいとお題があれば話しやすくなります。

仮の提案書はこのお題と同じ効果があり、仮の課題を想定してクライアントを調べるとアイスブレイクにつながりそうなヒントや、クライアントが力を入れていきたいメッセージを発見できることもあります。

動画や小冊子などによる情報提供と仮の提案書をはじめとした入念な下準備を商談前にしておくことは、成約までの商談回数や成約率に大きく影響します。

最初は面倒に思うかもしれませんが、その労力をかけることが効率的な売上アップにつながるので、特に付加価値の高い無形商材を扱う場合には参考にしてみてください。

営業活動の成否は商談前にほぼ決まっているという事実

第三章では商談獲得から商談実施までの間にやるべきことについて解説してまいりました。

そして、ここまで読んでいただければ、本書のタイトルを「営業は過程がすべて」とした理由もご理解いただけるのではないでしょうか。

私は、効率的な営業の手順（セールスプロセス）を決めれば、商談までの属人性を減らすことができ、また、改善を重ねることで再現性のある『売れる仕組み』を構築することができると考えています。

これまで「営業は結果がすべてだ」と発破をかけつつ時には褒めるなどする、言わばアメとムチをうまく使い分けて社員のモチベーションを上げることによって成果の最大化を目指してきたマネジメントスタイルは、若手社員には響かなくなってきています。

もちろん、「営業は結果がすべて」という文化で育ってきて成果を上げてきたからこそ、今の若い社員は甘えていると感じるマネジメント層の気持ちもわかります。
ただ、昨今成果を上げている企業を見るとそうした個人主義、モチベーション主義ではなく、社員同士で相談したり、助け合いながら改善していく企業の業績が上がりやすくなっているように感じます。

少し話が逸れますが、就職活動においても、社内の雰囲気を重視する人が増加傾向にあるのではないでしょうか。

今後、成長を目指していくのであれば、若手社員に入社してもらい、会社に貢献してもらいながら長く働いてもらえるような体制をつくる必要があります。
それも知名度が必ずしも高くないＢｔｏＢの中小企業の場合は、なおさら成長のために若手社員の頑張りが必要なのではないでしょうか。

気合いと根性で頑張るという考え方ではなく、真剣に取り組めば成果が上がるような体制を考えて実行してみてください。
経営側も社員側も『これは売れる仕組みだな』と感じながら営業活動に取り組むことができれば、モチベーション高く働ける環境が整っているはずで、売上が自動的に上がるようになっていけば双方にとってハッピーな状態と言えるのではないでしょうか。

【コラム】中小やベンチャー企業にプッシュ型営業を勧める理由

本書では、プッシュ型の営業についての話を中心に考えています。これは、私のキャリアがプッシュ型営業ばかりだったからというのも理由の1つですが、それだけにとどまりません。

私はプル型のセールスプロセスのみ採用している中小企業とお話をする際にもプッシュ型のセールスプロセス構築をおすすめすることが多いのですが、今回のコラムでは私がプッシュ型のセールスプロセス構築をおすすめする理由について紹介したいと思います。

・本当に素晴らしいサービスが多い

私の会社は中小企業やベンチャー企業を支援することが多いのですが、経営者の話を聞いていると本当によいサービスが多いなと感じています。

既存のサービスの問題点を解決するために大変な苦労をして商品開発をしていたり、そもそも商品やサービスへの思い入れが非常に強いことが多いのです。

ただ、大手企業が豊富な資金とたくさんの社員という組織力で、大きなパイを狙って売上をつくっているのに対して、中小企業の経営者は言い方が乱暴かもしれませんが、よい商品をつくれば売れると考えていることが少なくないように感じます。

でも、残念ながらB to B事業においては口コミ効果が期待しづらいという特徴があります。

紹介による売上も多少あるかもしれませんが、いくらよい商品やサービスであっても待っているだけで売上が上がっていく状態はあまり期待できないものです。

情報を発信することは大切ですが、やはりプッシュ型のセールスプロセスを構築して自社から直接アプローチして情報を届けなければ、せっかくの素晴らしい商品やサービスも欲しい人に届かないと考えています。

・知名度勝負や価格勝負を避けることができる

「うちみたいな企業は大手さんのように資金力もないですし、どうしても大手さんよりも安い価格でないとなかなか買ってもらえないんですよ」とおっしゃる経営者もいますが、それはプル型のセールスプロセスを構築していることに起因しているケースが多いように感じています。

売上の多くを比較サイトなどからの集客に依存している企業がこのケースによく当てはまるのですが、比較サイトは、価格以外の情報がよくわからないのでとりあえず問い合わせてみたというケースが多いため、名前の知れた大手企業や価格が安い企業が選ばれやすくなるという特徴があります。

確かに、比較サイト経由の受注を前提とするのであれば、顧客層を考えても価格が非常に大切な要素になることが想定できます。

でも、プッシュ型の営業では、提案する企業を選ぶことができます。こちらからアプローチするので、まだニーズが確立していない潜在顧客であることは多いのですが、その分、比較サイトに比べて価格ではなく価値でサービスを選んでもらえる傾向にあるのです。

比較サイトに限った話ではなく、プル型の営業は他社と比べられながら商談を進めていくことが多い一方で、プッシュ型の営業は直接の見込み客との対話を重ねながら商談を進められるというメリットがあるのです。

・フットワーク軽く改善を重ねて売れる仕組みがつくれる

社員数が数千人を超えているような企業だと指示を全社員に届けることは大変です。

社長が意思決定をして、それを担当部長が把握、その後、実行する社員へと指示が伝わっていくことになりますが、指示の意図が少しずつズレながら解釈されてしまう可能性がありますし、さらに現場の意見が意思決定をする社長の耳に届くまでにも、また時間がかかります。

中小企業の武器の1つはフットワークの軽さやスピードです。

規模が小さいからこそ、意思決定から行動までが早いですし、フィードバックもすぐに上がってくるので、問題があれば改善策をすぐに講じることができます。

こうしたフットワークの軽さという武器は、特にプッシュ型のセールスプロセスにおいて大きなアドバンテージとなります。

複数の施策を同時に走らせてABテスト（※）を実施したり、価格を上げたりといった工夫も迅速に実施できます。

プル型のセールスプロセスの場合は、成果が出るまでに時間がかかることが多いので、ある程度の資金力があれば改善を重ねながら成果を上げられるようになるかもしれませんが、プッシュ型のセールスプロセスで安定した利益を上げられるようになってから取り組んでも遅くはないはずです。

（※）ABテストとは

ABテストとは、複数の施策を同じ条件下で実施して、成果の高い施策を選択することで改善につなげていく手法です。例えば、セールスレターのABテストの場合、メッセージを2パターン作成して、それぞれ1000件送ってどちらの反応率が高いかを調べる施策を考えるとわかりやすいでしょう。

ABテスト実施後は、反応率が高いセールスレターをDMとして送っていけば、いきなりすべてのターゲットリストに送付するよりも成果を上げやすくなる効果が期待できます。

・不景気に強く、再現性が高い

昨今は終身雇用が終焉を迎えて、大企業でも倒産や統廃合が増え、安泰ではなくなったと言われています。

私もその通りだと思いますが、それでも倒産リスクという観点で考えれば大企業より中小企業のリスクが高いのは言うまでもありません。

過去に○○ショックと呼ばれる世界的不景気が何度も訪れており、コロナショックも記憶に新しいところではありますが、今後も不景気は必ず訪れるものという意識が必要です。

では、不景気が起きたときに強いのはプッシュ型とプル型、どちらのセールスプロセスでしょうか。

私はプッシュ型のセールスプロセスであると考えています。

不景気になるとコストを抑える意識が働きやすいため、待っているだけでは仕事をいただけない可能性が高まります。

不景気に強いサービスでなければ、今は出費を控えようと考える企業が多いためです。

プル型のセールスプロセスのみで売上を上げてきた企業の場合は仕事が来ない状態が続いてしまう可能性が高く、また、いきなりプッシュ型のセールスプロセスに切り替えようとしても社員がすぐに対応できるとは限りません。

加えて、プル型のセールスプロセスの場合は、市況やプラットフォームの方針の変化で突如機能しなくなることがあります。

コンテンツマーケティングに取り組んでいて、主として検索エンジンからの集客で売上を上げていた企業が、検索エンジンのアルゴリズムのアップデートによって大きく掲載順位を下げて売上減につながったという話をあなたも聞いたことがあるのではないでしょうか。

また、ウェブ広告を中心としたプル型のセールスプロセスも、いつの間にかライバルが数多く参入して広告単価が上がっていって利益が上げづらくなり、別のウェブ広告の手段を考えなければならなくなり…と高額の広告費用をかけ続けてしまうこともプル型のよくある失敗例です。

不景気になれば、プッシュ型のセールスプロセスでも売れづらくなるでしょうし、もちろん、商談獲得単価が上昇していく可能性はあります。

それでも、プッシュ型のセールスプロセスは、プル型に比べて自身でコントロールできることが多いと感じています。

不景気や検索エンジンのアップデートなど、外部環境はコントロールできないことを考えると、プッシュ型のセールスプロセスは中小企業に必要不可欠と言えるのではないでしょうか。

第4章

商談時・商談後にやるべきこと

いよいよ商談実施の段階になりました。

ここまで紹介してきた内容をしっかりと実行できていれば、きっと、あなたの会社やサービスに興味を持った状態の見込み客との商談が実現できているはずです。

第四章では、これまでの準備を台無しにしないよう、商談で気を付けるべきことについて解説していきます。

知っている内容も多くあると思いますが、知っていることと実行できていることには大きな差があります。

実行している状態をイメージしながら読み進めてください。

毎回の商談のゴールは何か？

あなたの会社では、何回の商談を重ねて成約することを想定しているでしょうか？

サービスや単価によって何回の商談が必要になるかには大きな差があり、特にプッシュ型のセールスプロセスで、もともと興味がある人にアプローチすることができたという偶然の場合を除くと、最低でも3回以上の商談を重ねて成約するのが一般的です。

・初回の商談では宿題をもらえるように

初回の商談時には
①自社やサービスの概要の説明
②ヒアリングを実施して次回の商談で提案の機会をいただく約束
を狙うのが一般的です。

稀に初回の商談でよい反応がもらえそうになると、一気にクロージングを狙うこともありますが、焦ってそこで断られたらセカンドチャンスをもらえない可能性が高くなってしまいます。

関係を構築することを優先して、宿題をもらい、次回へとつなげていくことが大切です。

次回の商談日時も、できる限り商談時に決めることを目指しましょう。

・営業であり、接客ではない

サービスにもよりますが、伴走型サービスのセールスプロセスにおいては、初回商談時はアイスブレイクの時間を設けるなど、できる限り関係構築を意識することが大切です。

ここで大切なのは接客と営業では考え方が異なるという点です。

相手が欲しいと考えている商品であれば、丁寧に接客をして好感を抱いてもらうことで成約につながりますが、コンサルティングサービスや広告運用などの伴走支援型のサービスの場合には、丁寧に接客しているだけではサービス購入後をイメージすることができません。

共にプロジェクトを進めて事業を成長させていくパートナーとして考えた場合に、円滑なコミュニケーションが可能かどうかについても商談時に見定められているのです。

時折、冗談を言って笑い話ができるぐらいの関係ができれば、成約につながりやすく、また成約後のサービス提供の段階でも二人三脚で事業成長のために力を合わせて仕事を進めていけるはずです。

社員の性格などによって多少の差は出てしまうものではありますが、どんな営業活動を目指すのかについては社員間でイメージを共有しておきましょう。

また、2回目、3回目の商談においても、何をゴールとして商談を実施するのかについてもあらかじめ決めておきましょう。

見込み客によって、少しずつ差があり予定通りに進むことはむしろ珍しいものですが、それでも毎回の商談のゴールを決めておくことによって、成約までの商談回数や期間に差が出たとしても、ざっくりと同じようなセールスプロセスを経て成約まで進めていくことができるようになります。

	1回目の商談	2回目の商談	3回目の商談
目標	・相手担当者と仲良くなる ・サービス全体を説明し、費用のイメージをもってもらう	・宿題をもらって次回アポを取りつける ・意思決定のプロセスを聞く ・3回目商談に意思決定者に同席してもらうことを目指す	・疑問点や不明点をなくす ・導入後のイメージを持ってもらう

言ってみれば、ゴールまでのマイルストーンを定めることになるのですが、これが決まっていると営業はやりやすくなり、改善策も練りやすくなります。

・2回目の商談はできる限り対面で実施して、意思決定のプロセスを聞こう

・クロージング前の3回目の商談は意思決定者に同席してもらうことを目指そう

といった商談時の目標があることによって、成約率を上げていくことが可能になるのです。

自社組織の構築を目指そう

時折、営業代行会社を利用しようと考えている経営者に会うことがありますが、商談実施まで営業代行会社に実施してもらうということについては私は否定的です。

というのも、実は私も営業代行会社に商談獲得から商談実施までを依頼していたことがあるからです。

私が依頼していたのは営業を得意としている国内有数の有名企業出身者が起ち上げた会社であり、所属している社員も好感を持てる優秀な人ばかりでした。

営業代行を依頼してからすぐに商談を獲得できている様子を見て私も期待していたのですが、結局、成約につながることがないまま、6か月経過後に契約を解消することにしました。

担当してくれていた会社や社員が悪いわけではなく、最後まで対応も気持ちがよかったのですが、やはり成果を見れば取引継続は難しいという判断でした。

営業代行会社に任せず、商談は自社で実施するべきという結論に至ったのはただ経験上うまくいかなかったからというだけではなく、他にもいくつかの理由があります。

・事例は知っているが、サービス提供をしていない

本を読んだことを人に話したとして、心に刺さる話ができるでしょうか？

きっと、簡単ではないはずです。

でも、自分が経験したことであれば、感情をこめて相手の心に届く話ができるものです。

営業代行会社に商談を依頼した場合、しっかりとあなたの会社や提供するサービ

スを学んでくれたとしても、やはりどこか表面的な説明になってしまう可能性が高いのです。

口下手でも構いません。

自身の経験を話すことができれば、見込み客には深く届くものです。

・オリジナルの要望にすぐに返答ができない

機能が決まっていて、どの企業にも同じようなサービスを提供する場合には営業代行会社に依頼することを検討してもよいかもしれませんが、B to Bの無形商材の場合には必ずしもそうではありません。

「うちの会社の場合にはこんな機能が欲しいんだけど、そういったことやったことある？」

といった具体的でオリジナルな要望や質問があった場合には、返答に詰まってしまう可能性が高くなります。

1回や2回であれば構いませんが、それまでのコミュニケーションがスムーズであればあるほど、少し込み入った質問をしただけで詰まってしまうと、どうも胡散臭いなと感じられてしまう危険性があるのです。

過去の似たような業界や業種などのサービス提供事例がすぐに出てきたり、それも苦労してサービス提供した話ができるからこそ、信頼やサービスへの期待につながるのがＢ　to　Ｂ×無形商材なのです。

・営業代行会社は成果につながりやすいサービスに集中したいもの

営業代行会社は多くの場合、伴走型のサービス提供となっており、長期間に渡って関係を継続するほど安定した収益が上がる構造になっています。

販売に貢献できていれば継続率が上がることを考えると、やはり販売しやすいサービスにリソースが集中してしまうのは仕方がないことです。

高額商材の場合には高いインセンティブを用意することによってモチベーションを上げられると考えるかもしれませんが、労力がかかる割に売れなければ結局安価でも安定した成果につながりやすいサービスに集中することになってしまうのです。

自社に営業のリソースが不足している場合には、商談獲得から商談実施までのすべてを営業代行会社に依頼したいと考えるのも無理はありませんし、実際に私もそう考えて実行しました。

でも、オーダーメイドで提供するサービスを営業代行会社が販売する難易度は非常に高いのです。

すべてをまかせてサービス提供に集中したいと考える気持ちもわかりますが、コミュニケーション能力の高い営業代行会社の社員よりも、サービス提供している社員こそが見込み客にとってよい提案ができると私は考えています。

商談が進むにつれて複数人で対応しよう

あなたの会社では、何人で商談対応しているでしょうか？

最初から最後まで1人の社員が対応している企業もあれば、複数人で対応する企業もあるでしょう。

人数に正解があるわけではありませんしサービスにもよりますが、私は基本的には複数人での商談実施をおすすめしています。

営業リソースが少なくて、すべての商談を複数人で実施していくことが難しくても、せめて2回目の商談から、あるいは3回目の商談からというように段階で区切って複数人で対応していく体制を採用することによって様々なメリットがあると考えています。

・組織で対応してくれるという安心感

昨今は個人で業務委託の形で仕事を受けるフリーランスや、ひとり社長の企業が増えており、当然、企業もそういった個人や組織に仕事を依頼するケースが増えていることと思います。

実際に私の会社でも、ランディングページのデザインやイラスト、資料作成の業務をフリーランスの方にお願いすることがあり、いつも大変助かっています。

一方で、1人で業務を行っていることに対して、多少のリスクを感じている企業も少なくありません。

私も過去にフリーランスやひとり社長に業務をお願いした際、作業途中で急に辞退されたり、また業務が完了しないままに音信不通になってしまったケースがありました。

優秀な方が非常に多い一方で、企業が業務を外部に依頼する場合、それも組織ではなく1人で業務を行っている人に初めて仕事を依頼する場合には少しリスクを感じることが少なくありません。

もし、業務がスムーズに完了しなかった場合には、1人で業務を行っている人に業務を依頼する意思決定をした人が責任を取ることになってしまうためです。

そのため、私は商談が進むにつれて複数人で対応することをおすすめしています。実際にずっと二人で対応していくかどうかの問題ではなく、複数人で対応してくれている状態を見れば、組織としての体制があり、何か問題があったとしても逃げることなく対応してくれるという安心感につながるためです。

少し話は逸れますが、私が証券会社に勤務していたときも、大きな取引を行う場合や、少し規模の大きい会社と商談が進んだ場合には、上司との同行営業が基本でした。

感覚的な話にはなってしまいますが、1人よりも複数人で対応した場合に、成約につながりやすかったように感じています。

・営業スキルや事例が共有できる

複数人で対応することによって、1つの成功や失敗を複数人が共有できることになります。

例えば、A企業の商談をXさんとYさんが実施して、うまく商談がまとまったケースがあったとします。

その後、YさんとZさんがB企業の商談を同行営業で対応した場合、A企業でうまくいった事例をB企業に共有しながら提案することが可能になります。

（※会社名など、情報漏洩には十分注意する必要があります）

どのような返答をすれば見込み客の安心感につながったのか、また、業界ごとにどのような課題を抱えていて、どんな施策を求めているのかといった情報を社内で共有しながら対応していくことによって、会社全体の営業スキルを上昇させていくことができます。

商談を1人で対応すると、ノウハウは共有しづらく、トップ営業マンだけがノウハウを抱えていて属人性の高い組織になってしまうというリスクがあります。

トップ営業マンにも他の社員が同行する機会をつくれば、ノウハウやスキルを自然な形で共有することが可能になります。

社員同士でどのように営業を行っているのか情報を共有しましょうと伝えても、失敗事例は共有したくないものです。

複数人で一緒に商談を実施することで、失敗事例の共有も簡単に実現でき、結果として社員の営業スキルとそれに伴う成約率の向上へとつながっていきます。

・社員間のコミュニケーションの増加

社員の離職理由の多くは、実はお金（給与面）の問題よりも人間関係の問題が多いと言われています。

でも、会社側が人間関係を円滑にするために何かしらの対応策を考えて実行するのは簡単ではありません。

社員旅行やレクリエーション、飲み会などを実施してコミュニケーションを活発にしようと考える企業もありますが、思い付きで実施しても参加してくれない社員が多い可能性もありますし、失敗すればさらに状況は悪化してしまいます。

基本的な話として、人間関係の悪化の多くはコミュニケーション不足が原因です。もちろん、コミュニケーションを活発にすることを目的として商談を複数人で実施するわけではありませんが、複数人での商談実施はコミュニケーションの増加につながっていく可能性が高いと考えています。

商談前にコミュニケーションを取る機会が増えますし、案件が決まった際にはお疲れ様会と称した飲み会が開催されるケースもあるかもしれません。

コミュニケーションを取りながら力を合わせて取り組む仕事ができていれば、離職率の低下にもつながっていきます。

以上のように、商談を複数人で対応していくことは、信頼獲得による成約率アップやスキルの共有、離職率低下につながります。

もちろん、社員同士で競争させることで営業成果の最大化を目指すことが有効な施策となる企業もありますが、競争させられていると感じることが仕事へのモチベーションを削いでしまっているケースも少なくないと感じています。

特に昨今の若手社員は、競争よりも共創の考え方に魅力を感じる傾向にあります。せっかく入社してくれた若手社員が退職することなく、楽しみながら会社に貢献できる環境をつくることができれば、きっと双方にとって幸せな状態となるはずです。

商談後に実施するべきこと

商談はいつまでも続くわけではなく、どこかで終わりが来ます。

少し検討させてくださいと言われてそのまま連絡を取っても返答がない状態になることもありますし、しっかりと「今回は検討した結果見送ることとさせていただきました」と言われたり、また「同業他社の○○会社に依頼することになってしまいました」と悔しい結果に終わることもあるでしょう。

Ｂ to Ｂ×無形商材の場合、成約する商談よりも失注する商談が多いものです。でも、しばらく時間が経って再度検討することがあれば、その際の成約率は非常に高くなります。

商談が一旦終わったとしても、やれることはたくさんあります。今後につなげていくために、商談後にやるべきことについて確認していきましょう。

・失注をそのまま終わらせないという気持ち

失注が決定的となれば、落ち込んでしまうかもしれません。商談を何度か実施していて、その都度社内で議論を重ねながら失注となってしまえばその気持ちも当然です。

でも、落胆して終わるだけではなく、なぜ失注となったのかについては記録しておきましょう。

失注はそのまま終わってしまえば失注ですが、理由を聞いて、その後失注理由をつぶしていくことで、成約率向上につながっていくものです。

少し感情論になってしまいますが、失注を失注で終わらせないという気持ちこそがその先につながっていくのです。


例えば、失注理由を聞いた際に「他社に比べて実績が少ないなと感じてしまってね…」という返答が返ってきたらどう感じるでしょうか？

もちろん、「いえいえ、うちも実績はたくさんありますし、実際に…」と返答したくなる気持ちはわかります。

でも、大切なことは他社に比べて実績が少ないと感じられてしまったという事実です。

他社と自社、実際にどちらに実績があるかという事実よりも、自社の実績がしっかりと伝えられていないという状態を解決することが大切です。


落胆している暇はありません。

第三章でもお伝えしたように、小冊子をつくったり動画をつくったりと、実績が伝わるような施策に取り組めば結果は変わるかもしれません。

すべては失注を失注で終わらせないという気持ち1つから、失注を減らす施策が始まるのです。

・たまたまタイミングが合わなかっただけ

実は、失注理由として多いのが、タイミングの問題です。

意思決定者は取捨選択をしなければなりません。

よいものは何でもやりたいと考えるのが普通ですが、予算や優先順位の都合上でどうしても〝やりたいけどできない〟という施策はあるものです。

そして、あなたの提案はひょっとするとそこに分類されてしまった可能性があります。

そのため、失注したからといってそこで諦めるのではなく、別のタイミングで再アプローチすることを考える必要があります。

例えば、担当者はやりたいと感じていたものの、予算がないという理由で採用に至らなかったとします。

この場合、大きな利益が出た決算期のタイミングであれば採用につながる可能性がありますので、決算の数か月前に再度アプローチをすることを検討してみるのもよいかもしれません。

商談が進んでいたにもかかわらず失注となってしまった場合には、違うタイミングに再度アプローチをすることによって今度は成約につながる可能性があります。

何度も言いますが、一度失注になったにもかかわらず、その後再度検討が始まった場合には成約率が高いのです。

一旦、相見積もりで負けて他社サービスを採用することになってしまったとしても、その後、採用した他社サービスに不満を感じて乗り換えを検討している場合もあります。

また、一旦別の施策を優先したとしても、その施策がうまくいって利益が出て、さらに他の施策の導入にも前向きとなっている可能性もあります。

タイミングがたまたま合わなくて失注した場合、別のタイミングを見計らうのがベストの選択となるはずです。

こうなってくると、タイミングが合わないという理由での失注は、失注ではなくむしろ見込み度の高い継続アプローチ案件と言えるのではないでしょうか。

・良好な関係を築いて、時折キャンペーンを実施してみよう

失注後はどのようなアプローチを実施しているでしょうか？

こう尋ねると意外にも、「いや特に何もしていない」という答えが返ってくることが多いものです。

○月頃であれば検討できる可能性がありますと言われていれば、そのタイミングで再度アプローチをすることがある程度で、実際、失注後はあまり接触しないようにしているケースも多いようです。

でも、良好な関係を続けることができれば、〝その時〟が来たときに選ばれる存在になっている可能性が高いです。

では、どうやって関係を構築すればよいかについてですが、私はメルマガを始めとした情報発信とキャンペーンの実施が効果的であると考えています。

それぞれ簡単に見ていきましょう。

〈情報発信について〉

メルマガは労力こそかかりますが、費用が安く、企業名や氏名を何度も見ているうちに親近感を抱いてもらえるといった効果が期待できます。（※ザイオンス効果）

また、商談前の興味やニーズを喚起するための動画をつくったらそれをメルマガで送ったり、小冊子や本をつくったら郵送で送るというのも一手でしょう。

弊社のクライアントでも、本を出版して過去の失注客に郵送することで、新しい仕事を獲得している事例がありました。

〈キャンペーンの実施について〉

過去に商談を何度か実施していれば、その企業に対して悪い印象を持っているわけではないと思います。

そのため、新しいサービスが出た際にはキャンペーンを実施して、キャンペーン価格にて案内するという施策もよいでしょう。

実際のサービスリリース前にキャンペーンの案内をもらえれば特別扱いをしても

らえているという気持ちにもつながりますし、そのキャンペーンに申し込んでもらって満足感を感じてもらうことができれば、本来導入してもらいたかったサービスを再度検討してもらえることになるかもしれません。

商談が一旦終了となっても、それでアプローチを終えることは、あまりにももったいないと感じていただけたでしょうか？

昨今はウェブセミナーを定期的に実施してナーチャリングを実施しつつ再商談につなげている企業も多くあります。

特に一度商談を実施して検討に至った企業は、宝の山とも言えますし、大切にすべき見込み客です。

最初に検討してもらったサービスでは導入に至らなくても、長期的な視野で見ると、将来大きな取引をする関係になるかもしれません。

商談後は、失注を失注で終わらせないという気持ちを持って長期の良好な関係づくりを目指していきましょう。

※ザイオンス効果

ザイオンス効果は単純接触効果と言われ、繰り返し接触することでその対象に対する好意や好感度が高まるという心理現象です。

最初はあまり興味を持っておらず、中立的な印象を抱いていたとしても、何度も見聞きして接触しているうちに親しみを感じてポジティブな感情が強まることを示していて、セールスプロセスを考える際にも大切な考え方です。

【コラム】アイスブレイクで話すべきこと

商談においては、まずアイスブレイクでお互いの緊張感をほぐした上で本来話したい内容に入っていくのが一般的です。

特に初対面でアイスブレイクがないままサービス説明を始めると、そのまま質問もないままに、一方的な説明だけで商談が終わってしまうという失敗につながることも少なくありません。

実際に私もそんな失敗になってしまったことが何度もあります。

対面営業のときはオフィスのデザインや周りの環境、最寄り駅についてからオフィスにつくまでについての話など、アイスブレイクにつながるような話のタネが結構あるものです。

一方で、ウェブ商談の場合にはなかなかきっかけがなく、天気の話やニュース、災害の話など、アイスブレイクをしたいという意図があからさまに伝わって逆にぎくしゃくしてしまうこともあります。

私はよく「心が開の状態になっている」という表現を使うのですが、アイスブレイクがうまくできてからサービスの説明に入ると、たくさんの質問をいただけて、非常にスムーズに話が進んでいくと感じています。

では、アイスブレイクはどのように進めていけばよいでしょうか。

理想的なのは、何といってもあなたと相手が共通で話せるテーマです。

例えばですが、相手のオフィスが自分が過去に住んでいたところであればその話からスタートするのもよいでしょう。

「いきなりで恐縮なんですが、御社のある○○駅に昔住んでいたことがあるんですよ。

特に駅の東側の○○っていう中華料理店が好きでして…」と話せば相手も話に入ってきてくれる可能性があります。

出身地や出身校についての話も効果的で、自分に共通点があると親近感を抱きやすく、その話について盛り上がれば本題にもスムーズに入っていきやすくなります。

また、地方の企業で旅行などで行ったことがあれば、「実は以前、○○県に旅行で行って××に行ったらすごい人だったんですけど、あれっていつもあんなに混んでいるんですか」といった話をすれば、話を始めてくれることもあります。

もちろん、いつもそんなに共通点があるわけはありません。

その場合は、やはり事前に調べて疑問に思ったことや印象に残ったことについて尋ねてみるとよいでしょう。

ＹｏｕＴｕｂｅチャンネルを持っていれば動画を見て、それについて質問をする形で話を始めたり、企業のロゴやミッションで気になるものがあれば、なぜそのようなロゴやミッションになったのかなど、疑問に思ったことをストレートに聞いてみるのもよいでしょう。

特に経営者と話をする際には、ロゴやミッションなど、発信している情報に強い思いを持っていることも多いので、理想的なアイスブレイクの話題です。


また、アイスブレイクはこちら側が話すのではなく、質問や疑問点を投げかけて、できる限り相手にも話してもらうことを目指しましょう。

もちろん、アイスブレイクは不要という考え方の人もいますので、その際は臨機応変に対応する必要がありますが、私は人と人が取引していくことが前提なのでアイスブレイクを肯定的に考えています。

心が開の状態になれば、その後の商談はもちろん、最終的には成約にも大きな影響を及ぼすので、是非スムーズなアイスブレイクを目指していきたいものです。

参考：アイスブレイクの話題にする内容について

出身地、会社の場所、Ｚｏｏｍの背景、ロゴ、趣味、寄稿している記事、Ｘ（旧Ｔｗｉｔｔｅｒ）、掲載されているウェブメディア、出身地が甲子園などで活躍しているときにはその話など。

それ以外にも明らかに力を入れているなとわかることがあればその話をする。

（例：ホームページやオフィス、職場環境や社内制度など）

第5章

セールスプロセス考

第二章から第四章まで、セールスプロセスのそれぞれの段階において注意すべきことや改善すべきことについて見てきました。

第五章では、新たなセールスプロセス構築、またはこれまでのセールスプロセスの再構築を決意した経営者や営業部長を対象として、全体を俯瞰的に捉えた再現性の高いセールスプロセス構築に必要な考え方について見ていきます。

セールスプロセス構築がうまくいかない理由

第二章から第四章で紹介してきたように、セールスプロセスの各工程において工夫と改善を積み重ねていくことが大切になります。

商談獲得の段階であれば、セールスレターのABテストを繰り返しながら企業リストについても何度も検証を重ねる必要があります。

また、成約率アップを目指すためには動画や事例集、小冊子などを用意する工夫や改善が効果を発揮することでしょう。

でも、それぞれの改善を繰り返し続けることによって、結局あっちが立てばこっちが立たずと迷路に入ってしまい、いつの間にかセールスプロセスがあることすら忘れて営業社員のスキルに任せることになってしまう失敗例も残念ながら稀に起こります。

例えば、商談数が大切であることについて異論はないかもしれませんが、単価数百万円のサービスにもかかわらず、ひとり社長の企業ばかりと商談を重ねていたらどうなるでしょうか？

商談数にこだわりすぎるとこういったミスマッチが起こりかねません。

商談数は大切ですが、あくまでも商談は手段であり、目的は売上であることを忘れてはいけません。

また、会社のコーポレートサイトでは、「中小企業を対象とした集客に強いホームページ制作会社」と謳っておきながら、商談時の事例紹介で大手企業の事例ばかり紹介していたらいかがでしょうか。

全く同じメッセージを発信する必要はありませんが、内容については一貫している必要があります。

各工程の費用対効果を見ることも大切ですが、部分最適ではなく、全体最適を考える必要があるのです。

商談の商談獲得単価ばかりに注意すると、商談数は多くて商談獲得単価も安いけど売上につながっていないこともありますし、逆に他に比べて2倍の商談獲得単価がかかっている施策の売上を見てみると、圧倒的な費用対効果を上げているといったことも少なくないのです。

また、そもそもの話になってはしまいますが、プッシュ型のセールスプロセスよりもウェブ広告を出稿して販売したほうが費用対効果を得やすいケースもあります。

プル型施策の限界を感じつつあり、今後の販売戦略を考えた上でプッシュ型の施策にトライするのであれば問題はありませんが、サービス開始時期であれば、最初はプル型で広告に費用を投下して売上をつくっていくことができる可能性もあるのです。

第二章から第四章で各工程を改善することの大切さを伝えてきましたし、当然日々工夫と改善を重ねることは必要な作業です。

でも、俯瞰的な視点を持っている人がいなければ、再現性が高く成果につながるセールスプロセスは完成しません。

経営者や営業部長の立場にある方だけは、部分最適はもちろん、全体最適を考えて意思決定をしていくことを忘れないようにしてください。

それこそ、部分最適への取り組みは各担当者に任せて情報やデータを提供してもらい、経営者や営業部長などの意思決定者が状況を俯瞰的にみて判断するといった運用を検討するのもよいでしょう。

商談獲得に労力がかかりすぎている？

私は、効率的なセールスプロセスを実現するために、商談獲得の段階が最も大切であると考えています。

ただ、何度も申し上げた通り、商談獲得単価は安ければよいわけではありませんし、DMや広告でキーマンにアプローチができたとしても、全く興味を持ってもらうことができなければ商談は実現しません。

一方で、商談獲得単価は多少高くても、興味を持ったキーマンと安定して商談が実現できるようになれば営業活動はものすごく楽になりますし、再現性のあるセールスプロセスが一気に現実的になります。

もし、商談獲得に時間や労力がかかりすぎていると課題を感じている場合は、是非、本項をじっくりとお読みいただき改善につなげていただければ幸いです。

そもそも商談はあくまでも売上という目的を達成するための手段なので、売上につながる商談であれば、多少単価が上がっても問題はありません。

特に高額商材となりやすいB to Bのサービスの場合は、商談獲得の段階と営業の段階は分けることになるので、商談獲得の段階では丁寧にサービス説明をしてすべてを理解してもらう必要はありません。

そこですべてを理解したと思われてしまえば、そもそも商談の必要性を感じないためです。

私も会社を経営しておりますので日々色々なDMを受け取ります。

職業柄、できる限りDMには目を通すよう心がけていますが、実際に話を聞いてみたいと思って連絡をした場合と連絡をしなかった場合のＤＭを比べてみると以下のような気付きがありました。

なお、これらは主にフォーム営業でメッセージをいただいた場合を想定していまず。

①サービス内容と価格が理解できれば、わざわざ話を聞こうとは思わない

こちらについては、すべてのサービスにおいて悪いＤＭだというつもりはありません。

その場で判断できるサービスであれば問題ありませんし、ＤＭを送ってきた企業からすれば「まさに今これが欲しかった」というタイミングに合致することを狙って大量配信をしているのかもしれません。

でも、Ｂ to Ｂで高額商材であれば、複数社に相見積もりを取ったり、営業担当の社員からサービス内容などを詳しく聞いて疑問点がなくなった上で初めて購入の決断ができるサービスが多いものです。

つまり、あなたの会社のサービスがＤＭの情報だけで購入の是非を判断してもら

えるような商品なのかどうかを考えて、メールを送る必要があります。

②DMが長すぎor短すぎ

特にフォーム営業の場合についての話にはなりますが、メールを開いた瞬間の印象というのは大切です。

情報を伝えようとしすぎるあまりに文字がぎっしりと詰まっているDMを見るとどうしても冒頭ぐらいしか目を通そうとは思ってもらえないものです。

また、短すぎるDMの場合、話を聞いてみようという興味がわいてくる可能性が少なくなってしまいます。

DMは長すぎず短すぎず、適切な量を考えましょう。

③コピペのメッセージだとあまり話を聞きたいと思わない

コピペのメッセージが悪いというわけではありませんが、すべての人に同じようなメッセージを送っている場合には詳しい話を聞いてみようという気持ちが薄れてしまうことがあります。

特にＤＭを大量配信する場合には、どんな人にも興味を持ってもらえるような汎用的なＤＭを考えてしまいますが、誰にでも興味を持ってもらえるようなＤＭは商談につながりづらいものです。

多少手間はかかるかもしれませんが、企業リストに合わせて送付するＤＭを分けるなどの工夫をしながら送っていくことで商談化率をアップすることができます。

④課題感が弱いと「へぇ～」で終わる

Ｂ to Ｂのサービスはできる限り決裁者に近いキーマンとの商談獲得を狙う必要があります。

しかし、経営者や部長クラスの人に対して情報交換で商談しましょうと提案しても時間を割いてもらえる可能性は低いものです。

商談を獲得するためには意思決定者が強く感じている課題について、解決できるかもしれないという期待を持ってもらわなければなりません。

また、課題については具体的であるほどメッセージが強く刺さりやすいので、例

えば採用コンサルティング会社の場合には
「弊社は採用に関する課題を一気通貫で解決することができます」
というメッセージよりも
「30代前半の営業経験者の採用ノウハウがあります」
といった言葉を選ぶなどの工夫が有効です。
商談を獲得したい企業の経営者が頭を悩ませていることを、その企業の経営者の気持ちになって考えてみてください。

⑤商談の調整が面倒だと、後回しにして結局忘れる

実は結構大切なのが、この商談日程の調整の段階だと考えています。

P73のコラムでも紹介しましたが、日程調整ツールのURLは反応率が高くありませんし、よろしければ可能な日時を2〜3つ送ってくださいというDMを受け取ることもあります。

日程調整についてはアプローチする側から提案するべきというのが一般的な考え方であり、特にキーマンとの商談を狙うのであれば、複数の日時を提案することで

商談化率を上げることができます。

また、郵送DMの場合には、日程を提案することが難しいのでQRコードが記載されていることが多いですが、わざわざQRコードを読みこんで連絡をするという行動はハードルが高いものです。

電話番号を記載しておくか、郵送DM送付後に「先日、郵送で〜〜といった内容を送らせいただいた●●ですが…」という電話をかけるなど、できる限り手を煩わせないような工夫が大切です。

⑥送り主が会社名であったり、情報があまりに少ないと敬遠する

DMは、個人からのメッセージが基本です。

稀に会社名で送られてくるDMもありますが、この場合はやはり不特定多数に送っているという印象になってしまいます。

また、フォーム営業の際に電話番号が000－0000－0000のように実在しない電話番号になっていることもありますが、印象はよくありません。

何度も申し上げますが、商談獲得は目的ではなく手段であり、最終的には取引するかどうかを選んでいただくことになります。

自社の情報は包み隠さず公開し、一緒に課題解決に取り組んでいくパートナーとして選んでいただけるようなDMを考えて送ることが大切です。

ここまで、当たり前のことを言っていると感じるかもしれませんが、商談化率の悪いDMは比較的わかりやすいものです。

ここまでに紹介した悪い事例に当てはまっていない上で、それでも現在商談獲得に苦労しているという場合には、以下について検討してみるとよいでしょう。

・商談獲得単価を上げてでも、質の高い商談を獲得することを検討してみる
・商談獲得のために提案するサービスを変えてみる
・訴求を変える（商談依頼→無料診断申込など）

上記のような施策を試してみることで突破口を見出せるかもしれません。

それぞれについて簡単に解説していきます。

・商談獲得単価を上げてでも、質の高い商談を獲得することを検討してみる

商談獲得単価は●●円以下、と決めている企業も多いと思います。

もちろん、これは悪いことではありません。

でも、本当によい企業との商談だった場合はいかがでしょうか。

これまでと違うアプローチ方法であれば、質のよい商談を獲得できる可能性が高まります。

例えば、これまでは10件に1件の成約が実現していたケースにおいて、5件に1件成約するようになれば、1商談に2倍の費用をかけられるようになります。

加えて、同じ成約数を獲得するための商談数が減ることになるので、1商談にかけられる時間が増えて提案力が増すという効果も期待することができます。

・商談獲得のために提案するサービスを変えてみる

あなたの会社では、いくつのサービスを提供しているでしょうか？

1つだけの場合もありますし、複数のサービスを提供している場合もあると思います。

では、商談獲得の際に提案するサービスはどのように決定したでしょうか？

実は、売りたいサービスと商談を獲得しやすいサービスは違うことがあります。

もちろん費用対効果を考えれば、プッシュ型の営業施策は、それなりに付加価値の高いサービスの販売を目的として実施するものであることは理解しています。

でも、サービスが高額であるほど商談は獲得しづらくなる傾向にあるので、商談獲得の際にはフロントエンドのように比較的導入しやすいサービスを提案することも一考する価値があります。

例として、私たちの会社で起きた、提案するサービスの変更による商談化率の変化について紹介させていただきます。

私たちの会社、セールスプロセス株式会社は、その社名の通りセールスプロセスの構築を支援する会社であり、商談獲得サービスや成約率アップのための営業ツール制作サービスを提供しております。

自社でもプッシュ型の営業施策に取り組んでおり、得た知見をサービス提供に活かしているわけですが、当初はセールスプロセス構築支援を前面に押し出して営業活動を行っていました。

セールスプロセスという、まさに「売れる仕組み」をつくることが最も興味を引くのではないかという私の考えがあったためです。

実際、セールスプロセスの構築支援を前提に商談を獲得できた際には、セールスプロセス全体について相談を受けることもあれば、商談獲得だけといったように部分的に興味を持ってもらうこともあり、商談の都度、様々な課題をヒアリングして解決策提案のための商談を実施していくという流れになっていました。

クライアントの満足度も高く、クライアントの成果につながった際には大きな達成感を感じていたのですが、その後、商談獲得サービスを提案するためのＤＭとセールスプロセス構築支援を提案するためのＤＭでＡＢテストを実施してみると明らかに前者の商談化率が高いことがわかりました。

その後は、商談獲得サービスを提案しながら、成約率をアップさせるための営業ツール制作などの他サービスについても必要に応じて提案していくという流れにすることで、以前よりスムーズな営業活動となりました。

誰でも最初から売りたいサービスを提案したいと考えるものですが、商談獲得は導入しやすいサービスを提案し、その後ニーズに応じて少しずつ階段を登るようにスムーズにサービスを提案していくことが実は効率的となる可能性もあります。

特に商談獲得にあまりに労力がかかる場合にはまずはフロントエンドとなるサービスの提案を前提としたＤＭへの変更を検討するのもよいでしょう。

・訴求を変える（商談依頼↓無料診断申込など）

解決したい課題が明確で、その課題解決につながる可能性があるサービスであれば、いきなり商談を依頼しても実現できる可能性は高いかもしれません。

でも、「まさに今、この課題を解決したいと思っていた」というタイミングでＤＭを届けられる可能性は高くありませんし、多くの中小企業が抱えている課題の解決を提案するＤＭは多く、レッドオーシャンとなっているため、結果として商談獲得の難易度は高いものです。

この場合、「一度サービスの説明をさせていただきたいのですが…」といった内容のＤＭを送ってもなかなか商談にはつながらないので、訴求の変更を検討する必要があります。

例えば、営業社員向け研修を提供している会社を例に考えてみましょう。

この場合、いきなり研修を提案してもなかなか商談してみようとは思ってもらえないものです。

それでは、無料で組織の営業力診断を実施していますといった提案に変えてみるといかがでしょう。

ヒアリングを実施して、その会社が抱えている課題を明確にするというプロセスを経た後に、その課題の解決につながる研修提案へとつなげていくことで、クライアントも依頼しやすくなりますし、研修の効果も出やすくなります。

訴求（オファー）を変えるというのはＤＭを考える際の基本ですが、ただ商談獲得を効率化するだけでなく、販売にスムーズにつなげることができればかなり大きな効果を期待することが可能となります。

さて、商談獲得を改善するための工夫を紹介しました。

売上につながらない商談ばかり実施することになったという失敗にならないよう注意していただきながら、是非改善に取り組んでみてください。

時間や労力こそかかりますが、効率的に質のよい商談獲得を安定的にできるようになれば、売上アップに一気に弾みがつくはずです。

「誰でもできる」を目指す

セールスプロセスを構築する目的は
・営業を効率化する
・営業社員全体の底上げ
・誰でも売上を上げられるという状態をつくる
という点にあります。

この中で特に実現の難易度が高いのが「誰でも売上を上げられるという状態をつくる」という目的です。

セールスプロセスが全社員に浸透すれば、この難易度が高い「誰でも売上を上げられるという状態をつくる」という目的は達成しやすくなり、社員数増加がそのまま売上アップに比例していくという未来が実現しやすくなります。

そのため、是非セールスプロセスの全社員への浸透にチャレンジしてもらいたいと考えています。

全社員にセールスプロセスを浸透させるために検討してもらいたいのが営業マニュアルの作成です。

営業マニュアルというと少し大げさかもしれませんが、

・どのような手順で営業活動を実施していくのか（セールスプロセス）
・各段階において達成すべき目標（毎回の商談で目指すこと）
・トークスクリプト
・FAQ
・営業の心得集

といったものを言語化していきます。

特に、トークスクリプトや各商談で目指すべきことを言語化しておくことは大切で、新入社員にはまずマニュアルを一読してもらうことを徹底すると、戦力化までの時間が驚くほど短くなります。

また、マニュアルは最初はオンライン上で共有できる状態にして改善を重ね、ある程度形が決まったら印刷してファイルにまとめることをおすすめします。

月に1回読んでもらったり、また各商談前に簡単にマニュアルを読んでから商談に挑んでもらうように徹底することで、手応えを感じられるようになっていくはずです。

セールスプロセスについても、最初にはっきりと決めておかないといつの間にか各個人の自己流になってしまいます。

実際、私の会社でも、当初は商談獲得後に簡単な説明動画とウェブ商談URLをメールで送り、その後に商談を実施するといったセールスプロセスを決めておいたにもかかわらず、いつの間にかウェブ商談のURLのみの送信になってしまっていたことがありました。

せっかく決めたセールスプロセスは守らなければ意味がありませんし、セールスプロセス通りに営業活動を実施し続けることでデータが集まって改善策を考えやすくなるのです。

マニュアルを作るというと大変な作業に感じるかもしれませんが、社内だけで共有していくものなので完成度にはそこまでこだわる必要はありません。まずはつくってみようという気持ちが大切と考えてください。

なお、ウェブ商談の際にはクライアント先に了承を取った上で録画することをおすすめします。

新しく営業社員が入社した際には

・セールスプロセスを記載した営業マニュアル

・商談の動画

で学んでもらいつつ、同行営業を繰り返すことで、戦力化が早くなります。

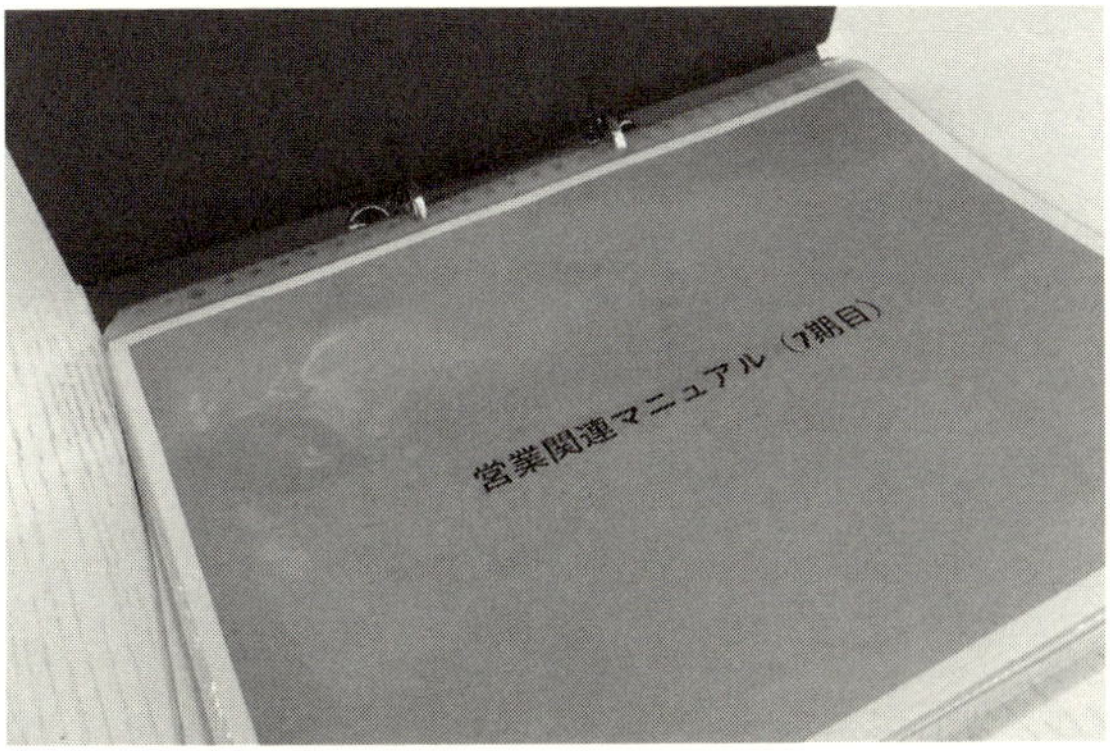

クロージング考

営業職の方であれば、クロージングという言葉を聞いたことがない人はいないでしょう。

最終的に背中を押してあげることは、時に必要であり、「是非やりましょう！」とクロージングの言葉を投げかけることで、「よっしゃ、やってみるか！」と決断してもらえる場面を経験したことがある人も少なくないはずです。

そんな経験から、マネジメントの立場になると「クロージングをしっかりしろ！」と部下に号令をかけることが少なくありません。

でも、クロージングは最終決断を迫る行動であり、私はやり方やタイミングを間違えると失注となる可能性が非常に高いと感じています。

ここでは、商談の最後を締めくくる「クロージング」を上手に行うために注意するべきことをまとめておきます。

・欲しくないものは売れない

タイミングが大切になるのがクロージングです。
このタイミングというのが曲者で、営業する側が考えるベストタイミングと見込み客が考えるベストタイミングは異なることが多いのです。

特に、最もやってはいけないミスは欲しいと思っていないときにクロージングを実施してしまうという失敗です。
タイミングが違っているどころか、そもそも興味が全くない状態で「この人なら買いそう」と思われてクロージングをされるのは不愉快なもので、場合によってはクレームとなったり、将来的に取引する可能性も下げてしまう行動となります。

まずは、購入後をイメージしてもらって、欲しいと思ってもらえる状態を目指さなければいけません。

・導入しやすいクロージングを用意しよう

最も販売したいサービスを１００とした場合に、０か１００かを迫るクロージングを実施して、0になってしまうことは、誰しも経験があることと思います。
でも、最終的に100を目指すために、最初は10のサービスを買ってもらい、その後50のサービスを買ってもらい、最終的には100のサービスを買ってもらうという作戦を考えてみてもよいかもしれません。
要するに、小分けにしてクロージングの成功率を上げる作戦ですが、私の知人でも最終的には500万円近い売上になっているのですが、80万円、80万円、120万円、200万円といった形で少しずつ販売してうまくいっているケースもあります。

また、第六章で詳しく紹介しますがトライアルプランを用意し、まずはミニマムスタートで体験してもらうことを重視して、その結果を見てもらってから本当に販売したいサービスを提案していくという方法もあります。

0か100を迫るクロージングがうまくいかないなと思ったら分けて販売するか、トライアルプランの導入を検討してみてください。

・基本的には相手から引き出すことを目指す

クロージングという言葉は、営業する側の目線からできた言葉だと考えられますが、実は優秀な営業社員を見ていると、最終的な判断は相手からもらえることが少なくないことに驚かされます。

「結局どれぐらいの量を買ってもらいたいってこと？」

「いつから始めるのがいいの？」

と、決断につながる言葉を相手が言ってくれる状態になれば、クロージングは不要です。

こちらから売ろうとして売るのではなく、相手が買いたいと思ってくれる状態を目指すことが、スムーズなクロージングにつながります。

・クロージングより、まずは疑問を解決することに注力

疑問がある状態で購入することはできません。

まだ見込み客に疑問がある状態でクロージングをしようとすれば、当然失注につながりやすくなります。

商談時にまだ質問をいただいている状態であれば、そのタイミングでのクロージ

ングは避けたほうが賢明です。
特に、意思決定に複数人が関与するサービスの場合、全員の疑問点がなくなった後、さらに関係者で話し合ってから決断へという流れになるものです。

多くの質問をいただいた際には、その商談でクロージングをするのではなく、次回の商談の予定をいただき、それまでに関係者で打ち合わせをしてもらうことを狙うのも一手です。

・徐々にプッシュ力を強める

クロージングは相手発信となるのが理想ですが、待っていても結論がもらえない場合には「ご決断はいかがでしょうか？」と聞いてみる必要もあるかもしれません。ただ、いきなり決断を迫るのではなく、まずは検討状況を軽く聞いてみて、その後「次回、ご決断いかがでしょう？」みたいな形で少しずつ強くしていくようにしましょう。

もちろん、決断までに時間がかかる企業もあるため、焦らすのは禁物ですが、あまりに長期間検討が続くと熱量が冷めて結局失注となる可能性が高くなるので、最適なタイミングは経験を積みながら図っていくことになります。

・**自らお金の話をしない**

テレビの通販番組でもそうですが、価格で勝負したい商品の場合を除いて、価格の発表は最後に行われます。

最初に価格を聞いた場合、そこで買うか買わないかを判断されてしまうケースがあり、商品購入後のイメージがわかないまま買わないという判断をされてしまう可能性が高いからです。

これは、B to B の営業でも同じです。

よほど知名度のあるサービスでない限り、いきなり価格を発表したら

「結構です」

となってしまう可能性は高いのです。

何を解決できる商品なのか、どのように解決できる商品なのか、どのような事例

があるかなどを伝えてサービスの購入後をイメージしてもらい、欲しいと思った後に
「で、これいくらですか？」
という質問をもらうことを目指すのが王道です。

いかがでしょう。

もし、「しっかりクロージングしろよ！」と発破をかけているのであれば、一度考えてみる必要があるかもしれません。

それこそ、クロージングをしないという判断も時には大切になることもあります。

「御社にはこのサービスはあまりお役立ていただけそうにないかなと思うので、今回は遠慮させていただきますが、次回よいサービスがあった際にはまた提案の機会をいただけないでしょうか？」

と伝えれば快く許諾してくれる見込み客は多いものです。

そして、次回の提案が受け入れられて購入に至って満足してもらえれば、3度目、4度目の取引の可能性も出てくるものです。

一方、強引に販売して役に立たなければ、きっと2度目の機会はなくなってしまいます。

クロージングは大切ですが、無理矢理販売することで売上を上げる企業の寿命は長くないはずです。

クロージングはたしかに大切ですが、スムーズなクロージングにつながるセールスプロセスを考えることにこそ、注力していきましょう。

第6章

セールスプロセス構築ストーリー

最終章となる第六章では、セールスプロセス構築ストーリーを紹介していきます。

ここで紹介する2つの会社

・「はじめに」で紹介した企業出版の会社

・営業コンサルティングを手がける弊社（セールスプロセス株式会社）

のストーリーは私の実体験に基づいており、セールスプロセス株式会社）

フィクションは入っておりますが、それでも本質的なところは事実に基づいたストーリーとなっております。

是非、あなたの会社にどのように応用できるのか、イメージしながら読んでみてください。

企業出版の会社のセールスプロセス構築ストーリー

私が2017年に創業したのが企業出版の会社です。

企業出版というのは、企業が本を出版するだけと考えられがちですが、実際はそうではなく、採用強化やブランディングを目的として本を出版したり、本を読んで問い合わせをもらうために特定の専門分野について書いた本を出版したりといった活用が一般的です。

つまり、本を出版することが目的ではなく、採用やマーケティング、営業面での経営課題の解決を目的として本を出版するのが企業出版なのです。

しかし、クライアントが最初から企業出版を検討しているケースは多くなく、そもそも経営課題の解決に本の出版を活用する方法はあまり知られていません。

そのため、プッシュ型の営業活動を通して、企業出版というものが何なのかについて知ってもらい、興味を持ってもらう必要がありました。

ただ、証券会社ではトップセールスだった私にとっても、商談でヒアリングを実施し、その後、企画提案書をつくって企業出版サービスを提案していく過程は簡単ではなく、「本を出版するってことでしょ？　今は興味がないけど引退するときにはつくりたいかもね」といったように、断られることが非常に多かったのです。

紹介によって細々と企業出版サービスの仕事を受託していましたが、営業に力を入れていくために社員を複数人採用してもなかなか安定した売上にはつながらない状態が続いていました。

・以前のセールスプロセスについて

まずは、セールスプロセス構築前の営業方法を見ていきます。

【ターゲット】

初期に設定したターゲットは広告を出している企業や過去に本を出版したことがある企業などで、そうした企業をリストアップしてプッシュ型のアプローチを行っていきました。

【アプローチ方法】

アプローチ方法はフォーム営業（お問い合わせフォームにＤＭを送る方法）や、リスト１社ごとにホームページを検索して電話するといった方法を採用しました。

他にもＦＡＸＤＭや新聞広告、ウェブ広告、郵送ＤＭ（手書きの手紙など）、コールドメール（ウェブ上に掲載されているメールアドレスに連絡する方法）などを試しましたが、なかなか思ったような成果にはつながりませんでした。

【アプローチ時に伝えていたメッセージ】

当初はブランディングを目的として本を出版しませんか？　と提案していました。

今でこそ、企業出版は本の出版が目的ではなく、経営課題解決が目的と伝えていますが、最初はとにかく様々な企業様に本を出版してもらいたいという考えだったので、浅く広く刺さるようなメッセージの伝え方で、結果として伝わりづらいメッセージであったと反省しています。

【商談】

商談獲得後は、電話か対面で商談を実施することがほとんどでした。

今でこそウェブ商談が当たり前ですが、当時はまだウェブ商談が今ほど普及しておらず、電話でサービスの紹介をして、対面時にはサンプルの本を持っていって商談をするという流れが一般的でした。

以前のセールスプロセスを簡単にまとめると

①　フォーム営業や電話で商談を獲得
②　電話でサービスについて説明
③　サンプルの本などを持っていって対面で商談
④　電話、メールで返事をもらう

といった流れになっていました。

・セールスプロセス改善

次にセールスプロセスを改善する過程を見ていきましょう。

大前提として、もともと本を出版したいと考えている人は多くないため、プッシュ型の営業に取り組むことは必要です。

ただ、せっかくの商談の機会がサービスの説明だけになってしまいがちで、企業出版の費用対効果を感じにくいセールスプロセスになってしまっていました。

営業社員を採用しても、どうしても成果にばらつきが出やすく、無事に成約することができても、その成約に再現性がない状態であったと感じています。

改善するために、私たちは実際に本を出版したクライアント企業様にアンケートを実施しました。

出版した目的や、なぜ様々な施策の中で本の出版を選んでくれたのかについて聞いてみたのです。

すると下記のようなことがわかりました。

・出版目的は、ブランディングではなく売上アップを目的としている企業が多い
・本で顧客を獲得したり、また営業活動の成約率を上げて売上アップを目指したいと考えている
・実際に本で売上をアップできた企業は、出版後にしっかりと活用できている（例：展示会で配布してリードを獲得したり、営業時に手渡すなど）
・出版後の使い方が決まれば成約しやすくなる

このようなアンケート結果があると、セールスプロセスの改善方法は非常にイメージしやすいのではないでしょうか。

一気にすべてを改善したセールスプロセスを構築できたわけではありませんが、上記のアンケート結果を踏まえてセールスプロセスを時間をかけて改善していきました。

ただ、アンケート実施後も、商談獲得のための効率的なアプローチ方法については、様々なアプローチ方法を試し続けました。

成果報酬型の商談獲得サービスに依頼したり、テレアポ、郵送ＤＭなども試しましたがどれも思うような成果を上げられずにいました。

特に成果報酬型の商談獲得サービスは、本来取引したいクライアントではない見込み客との商談が多く、費用ばかりかかって成果にはつながらないという事態になってしまいました。

成果報酬型のサービスを提供する企業は、商談さえ獲得できれば売上につながることもあり、安く大量にアプローチできる方法を採用していることが多いものです。商談相手は「ちょっと話を聞いてみようかなと思っただけ」という起業直後のひとり社長のケースも多く、会社の評判が悪化したり、クレームが届くといったマイナス面の副作用もありました。

その後、成果報酬型のサービスはやめて、自社でメッセージを工夫した上でフォーム営業を採用することにしたのですが、これも取り組んだ当初は商談を効率的に獲得できていましたが徐々に反応率が低下して、費用負担が重くなっていきました。

企業出版に限らず、コンサルティングサービスやシステム開発などの無形商材を扱う場合は、商談獲得に苦労することが多いものです。

・セールスプロセス構築後

アンケートを実施したり、また、商談獲得のための様々なアプローチ方法を試してきた結果、どのようなセールスプロセスになったのか見ていきましょう。

【ターゲット】

主としてアプローチする先は、社員5人から100人ぐらいの中小、ベンチャー企業でBtoB×無形商材を扱う企業としました。

会社の規模が大きくなると最終的な意思決定までに時間がかかることもあり、ひとり社長のように会社の規模が小さいとサービスの金額的になかなか成約が難しかったことが要因です。

【アプローチ方法】

商談獲得のために、ありとあらゆるアプローチ方法を試してきて、最終的にはAIを活用して1社ごとにカスタマイズしたセールスレターをコールドメールで送付するというアプローチ方法に落ち着きました。

【アプローチ時に伝えていたメッセージ】

以前はブランディング目的で提案することが多く、過去に出版している企業様にアプローチする際には、ターゲットや内容を前著より少し変えて出版しませんか？と提案していましたが、アンケート実施後は売上アップのために本を活用しませんか？　と提案するように変更しました。

【商談】

1回目の商談はウェブ商談でサービスの説明と仮の提案書を見せて宿題やコメントをもらい、その後提案書を改善しながら最終的には対面で商談を実施する流れに変更しました。

改善したセールスプロセスが以下のものです。

①　コールドメールにて商談を獲得
②　商談が決まった段階で本を郵送で送付しておく
③　ウェブ商談のＵＲＬをメールで送る際に、セミナー動画も合わせて送る
④　商談実施×３回

もう少し詳しく見ていきます。

①　コールドメールにて商談を獲得

AIを活用して1社ごとにカスタマイズしたメールを送って商談を獲得する方法を採用しました。

コピペのメッセージはクレームが多いのですが、カスタマイズしたメッセージはクレームが少なく、また商談化率が高いので送付件数が少なくて済むようになりました。

費用面の効果に加えて、商談獲得にかける業務時間の削減にもつながりました。

伝えるメッセージはそれまでがブランディングを目的とした本の出版を伝えるものでしたが、アンケートによると売上アップを目的としているケースが多かったので、売上アップというメッセージを押し出すように工夫しました。

② 商談が決まった段階で本を郵送で送付しておく

アンケート結果から、出版後に本をどのように活用しているかまで決まっていると成約に至りやすいことがわかったので、自社でも出版後の使い方や事例を一冊の本にまとめて出版しました。

商談実施までに本を郵送で送っておくことで、商談時までに読んでもらうことを目指しました。

商談相手は多忙な経営者であることが多いため、読んでもらえていないこともありますが、オフライン施策を組み合わせることでアイスブレイクがスムーズに進み、商談の質も向上したと感じています。

③ウェブ商談のURLをメールで送る際に、セミナー動画も合わせて送る

初回はウェブ商談が前提なので、ウェブ商談のURLをメールで送るのですが、その際にセミナー動画も合わせて送るようにしました。

セミナー動画では、本をどのように売上アップにつなげていくのかについて簡単に解説していて、本を読んでくれている人よりは動画を見てくれている人のほうが多いです。

オフライン施策とオンライン施策の両方でナーチャリングを実施することで、企業出版のイメージを変えることを目指しました。

④商談実施×3回

初回には仮の出版企画書を用意してサービス内容や費用、スケジュールについて説明し、その後宿題をもらいながら最低でも成約までに3回の商談を実施して成約を目指すセールスプロセスをベースとしました。

商談を重ねるごとに企画書が完成していき、自然な流れで本づくりがスタートす

ることを目指しています。

以上が、企業出版の会社で構築したセールスプロセスです。以前のセールスプロセスに比べて、アプローチ方法や伝える内容、情報量が大きく変わっていることがご理解いただけるのではないでしょうか。

もちろん、改善はその後も続いていますので、これで完成というわけではありません。特にアプローチ方法は反応率を見ながら新しい施策を試し続ける必要があります。

例えば、現状は中小やベンチャー企業のクライアント様を中心にサービスを提供しているのですが、将来的には大企業や医療法人といったクライアントとの取引を考える可能性もあり、その際は違うアプローチ方法が必要になります。

また、商談の進め方についても、企業出版というサービスの認知度が高まれば変わってきますし、本や動画についてはクライアントごとに複数のパターンを用意するなど、今後も積極的に改善を重ねていこうと考えています。

営業コンサルティング会社のセールスプロセス構築ストーリー

企業出版の会社のセールスプロセス構築ストーリーは少しずつ改善を重ねていったので実際には5年ぐらいの期間がかかっています。

「5年もかかるのか…」「そう考えると少し長いな」と思ってしまうのも無理はありませんが、安心してください。

実は、セールスプロセスは少し改善しただけでも成果に大きな差が表れることが少なくないのです。

手の内を明かす形で少し恥ずかしさもありますが、続いては弊社(セールスプロセス株式会社)をベースとした事例を取り上げます。

セールスプロセスに少しの改善を加えることで成果に大きな変化をもたらした事例となっています。

・以前のセールスプロセス

企業出版の会社でも様々なセールスプロセスを試しており、また様々なクライアントの営業活動効率化のお手伝いをしてきたこともあり、最初からそれなりに効率的なセールスプロセスができていました。

また、営業コンサルティングの仕事はＢ to Ｂ×無形商材というサービスであり、課題解決を提供するという意味において企業出版とサービスの性質が似ていることも功を奏し、最初からそれなりの成果を上げられる状態ではありました。

【ターゲット】

企業出版の会社と同様、社員５～１００人ぐらいまでの中小・ベンチャー企業を想定しました。

サービスは顧客から現在のセールスプロセスや営業活動全般についてヒアリングを実施して、効率的なセールスプロセスを構築したり、また必要な営業ツールを制作するサービスです。

商談獲得が得意ということもあり、商談獲得だけを代行することもあります。

業種は幅広く、特にプッシュ型の営業活動を実施している企業や、これから実施を検討している企業が主なクライアントとなっています。

【アプローチ方法】

アプローチ方法は、ＡＩを活用して１社ごとにカスタマイズしたメッセージをＤＭで送る方法を採用しています。

ターゲットが社員５～１００人ぐらいということもあり、最初のメールの返信の時点から経営者に対応してもらえることも少なくありません。

【アプローチ時に伝えていたメッセージ】

最も得意としているのは、何と言ってもセールスプロセス構築と営業ツール制作のサービスなので、当初はこのサービスを訴求して商談獲得を目指しました。

営業活動を実施していれば、経営者は何かしらの課題を抱えているはずです。どこを改善すればよいのかわからないと感じている経営者も多いと思い、俯瞰的な視点でセールスプロセス全体をコンサルティング支援することで価値を感じていただけると考えていました。

【商談】

商談では、最初に営業活動で大事な考え方を説明し、セールスプロセスの事例を紹介しました。

ケーススタディを伝えることで、サービス提供のビフォーアフターをイメージしてもらうことを目指し、2回目には現在のセールスプロセスやサービス内容のヒアリングを実施、3回目に提案をまとめ、その後宿題をもらいながら成約を目指すという流れになっていました。

以前のセールスプロセスを簡単にまとめると以下のような流れになります。

①コールドメールにて商談を獲得
②ウェブ商談のURLをメールで送る際に、セミナー動画も合わせて送る
③商談で事例を紹介しながらナーチャリング、その後ヒアリング、提案の流れ

・セールスプロセス改善

次にセールスプロセスの改善の流れについて見ていきます。

実は初期のセールスプロセスでもそれなりに成果は出ていました。

特に5分程度のセミナー動画は効果があり、商談の段階でサービスに興味を持ってくれている状態になっていることもありました。

一方で、現状のセールスプロセスや営業活動についてヒアリングを実施してみる

と、以下のようなことがわかりました。
・経営者は商談数に問題があると感じていることが多い
・でも、実際は商談の「質」に問題があると想定できるケースが多い
・商談数にこだわるあまり、上記のようなミスマッチが起きていると考えられる

いかがでしょうか？

経営者が商談数に問題があると感じている状況で、セールスプロセス改善について提案しようとしても、話を聞いてみようと思ってもらえる可能性は低いです。

私たちの最も得意とするところはセールスプロセス構築や営業ツール制作サービスであることは前述の通りですが、スムーズな流れで最も得意としているサービスにつながることを考えて、商談獲得時に訴求するメッセージは最も経営者が課題を感じている「商談」に関することに変更することにしました。

・セールスプロセス構築後

改善したセールスプロセスでは、ターゲットやアプローチ方法はそのままにしつ

つ、伝えるメッセージを変え、商談の進め方も工夫しました。

最も得意としているサービスを売るのではなく、最も求められているサービスを販売し、そのサービス提供の過程で、必要に応じて最も得意としているサービスを提案するという流れに変えたのです。

具体的に見ていきましょう。

【ターゲットとアプローチ方法】

ターゲットとアプローチ方法は変更を加えませんでした。

【アプローチ時に伝えていたメッセージ】

「営業活動についての悩みはありませんか？」といったメッセージから「商談獲得についての悩みはありませんか？」というメッセージを強く打ち出しました。

特に

- 商談獲得単価が上がっている
- 評判やクレームが多い
- 商談の質が悪くて、なかなか成約に結びつかない
- 商談に労力がかかりすぎている

といった悩みを解決するために、お打ち合わせの機会をいただくことを提案しました。

【商談】

商談時にはセールスプロセス全体における商談の段階（アプローチ～実施まで）の大切さを伝えつつ、弊社の商談獲得サービスを簡単に説明するところから始めました。

その後、現状の商談獲得方法とサービスについてのヒアリングを実施して商談獲得サービスの受託、さらにはアップセルとして営業ツール制作などの他サービスの受託へと展開していく形となりました。

最終的なセールスプロセスは以下のような流れです。

①コールドメールにて商談を獲得
②ウェブ商談のＵＲＬをメールで送る際に、アニメーション動画も合わせて送る
③簡単なサービス説明と現状の商談獲得方法をヒアリング
④サービス理解のヒアリングと提案
⑤必要に応じて営業ツール制作などのアップセル提案

といった流れになっていました。

1つずつ、もう少し詳しく見ていきましょう。

①コールドメールにて商談を獲得

セールスプロセスの構築や営業ツール制作サービス販売の際に使っていたコールドメールを使ったアプローチ方法を引き続き採用することにしました。

ただ、商談獲得サービスを打ち出す場合は、比較的広い層に興味を持ってもらえる可能性もあるため、今後はウェブ広告も検討しています。

②ウェブ商談のURLをメールで送る際に、アニメーション動画も合わせて送る

現状、世の中には多くの商談獲得サービスが存在しており、何が他サービスと違うのかがわかりづらいことも少なくありません。

そこで今回、商談獲得サービスを打ち出すにあたって、特徴を簡単に説明するアニメーション動画を制作してウェブ商談のURLと合わせて送ることにしました。

アニメーション動画では、興味を引き出すことを目的として簡単な特徴を紹介するだけにとどめ、時間も30秒ほどの短いものにしました。

③簡単なサービス説明と現状の商談獲得方法をヒアリング

まずは簡単に商談獲得サービスの説明をします。

他のサービスと何が違うのか、定量的なメリットに加えて、特に強調したい定性的なメリットも伝えていきます。

ただ、どんなサービスにも相性がよい商談獲得サービスは存在していないと考えています。

現在の商品やサービス、ターゲットを簡単にヒアリングして、役に立たないことが予想されるのであればその旨も伝えてしまいます。

④サービス理解のヒアリングと提案

商談獲得サービスに興味を持っていただけた場合には、改めて時間をいただいてサービスについてのヒアリングを実施します。

多くの商談獲得サービスは、サービス説明だけで採用の可否を判断できるものかもしれませんが、弊社の販売する商談獲得サービスは、こちらで内容を理解して

1．どのような企業リストにアプローチするのか

2．どのようなメッセージを送るのか

の2点が肝要となっているため、サービスの理解が非常に重要です。

そして、サービスを理解することが、商談獲得サービスだけではなく、営業ツー

ル制作などの他サービスへのアップセルへとつながっていきます。
ヒアリングを実施した後には
1．どのような企業リストにアプローチするのか
2．どのようなメッセージを送るのか
をまとめた提案の時間をいただくので、最低でも3回の商談回数が必要となります。

⑤ 必要に応じて営業ツール制作などのアップセル提案

サービスを理解することで商談獲得サービスだけでなく、場合によっては他サービスの提案も同時に行います。

また、伴走支援によって効率的な商談獲得が実現した暁には、さらに営業活動全体を効率化したいといった要望が出てくることが多いものです。

商談獲得サービスをきっかけに取引を開始し、その後は良質なサービス提供で関係を構築しながら要望に応じて適切なサービスを提供していくという流れで取引を拡大していきます。

弊社の例では、以前はニーズが顕在化していないものをフックとしていたために、商談獲得に苦労していたのと、ヒアリングと提案を聞いてもらっても結局「検討してみます」と言われたまま取引につながらずに長期検討顧客となってしまうことが少なくありませんでした。

そのときの反省を活かし、商談獲得サービスを訴求したアプローチに切り替えた後は、サービス導入後のイメージをしっかり持ってもらい、トライアルプランを用意することで、まずはミニマムスタートでの取引を開始してもらえることを目指しました。

無料で実施する丁寧なヒアリングと提案、それに加えて赤字覚悟のトライアルプラン導入は初期投資が大きく、成果が上がらなければ早期に中止せざるを得ない施策ではありましたが、最終的にはしっかりと成果に結びつきました。

また、トライアルプランを導入することで、成果が上がらなければ双方納得の上で見送りとすることができ、Ｗｉｎ-Ｗｉｎの関係でサービス提供ができるようになりました。

どんなサービスであっても、片方だけがＷｉｎとなっている関係は長く続くわけがありませんし、それを避ける意味でもトライアルプランは効果を発揮しました。

あなたの会社のセールスプロセス構築ストーリーへ

この章では、企業出版の会社と営業コンサルティングの会社、2つのセールスプロセス構築ストーリーを紹介しました。

どちらもまだ完成というわけではありませんが、最初に営業活動を開始したときに比べると成約率や単価が大きく上昇し、加えて営業社員も増加することになりましたので、きっと参考になるのではと考えています。

また、本書ではプッシュ型のセールスプロセスを前提として話を進めてまいりましたが、実はプル型のセールスプロセスへの取り組みも継続して行っています。

もちろん、現状は本で紹介するほどのレベルではないと感じているため、掲載することは控えましたが、プッシュ型のセールスプロセスに加えてプル型のセールスプロセスも売上に貢献するようになっていけば、鬼に金棒となることでしょう。

そして、プル型のセールスプロセスであっても、プッシュ型のセールスプロセス同様に改善を重ねていくことで成果に違いが出てくるものであり、また、最初のアプローチ方法こそ、プル型とプッシュ型の間に大きな違いはありますが、商談を獲得した段階からはほぼ同様のプロセスになると感じております。

一点、注意することとしては、伝えたいメッセージに統一感を持たせることです。例えば、プル型のアプローチでキャッチーなメッセージを発信しようとして「建設業界と言えば○○株式会社」と伝えたのに、コーポレートサイトには「ブランディング支援に強みのある○○株式会社」と掲載されていれば、違和感があります。

複数のセールスプロセスを用意することは問題ありませんし、むしろ推奨しますが、伝えるメッセージがぶれてしまうリスクには注意が必要なのです。

まずは現在のセールスプロセスがどのようになっているかを書き出してみてください。

会社によっては、
営業社員がテレアポ→商談実施×複数回

というセールスプロセスになっているかもしれません。

ここまで本書を読んだなら、きっと効率化できるのではないかと感じていただけるのではないでしょうか。

書いたセールスプロセスを俯瞰的に見ながら少しずつ改善を重ね、是非、あなたの会社のオリジナルセールスプロセスの完成を目指してみてください。

あとがき

「営業は過程がすべて」

そう言いきってしまえば、反対の声を多数いただくことになるかもしれません。

実際、サービスを提供する中で「営業は過程がすべて」というメッセージを伝えることがあるのですが、

「結果がすべてだろ！」

「そんな甘い考え方では営業組織はうまくいかない」

こんな声をいただくことがあります。


そして、そうした声を投げかけてくれる方の会社は、実際に営業は結果がすべてだ！　と発破をかけ、営業組織が必死になって売上をつくり、儲かっている企業でもありました。

ただ、「営業は過程がすべてだ」という考え方がうまくいっている企業には、そ

もそも私たちの会社も本書も必要ないのです。

でも、すべての企業がその考え方でうまくいくわけではありません。

プッシュ型の営業で売上が伸び悩んでいる企業はもっと声を大にして「結果を出せ！」と発破をかければよいのでしょうか？

そんなはずはありません。

すべての企業がうまくいく魔法の方法はないという考えが私の根底にはあり、もし「結果がすべてだ」と号令をかけてうまくいかなければ、是非「過程」に注目してもらいたいと考えて本書を執筆しました。

私の経営するセールスプロセス株式会社では、

・売上が行き詰まっている中小企業やベンチャー企業
・新たにプッシュ型のセールスに取り組もうと考えている企業

のお手伝いをすることが多いです。

特に、後者の企業の場合、これまでウェブ広告や紹介を駆使して新規顧客を開拓してきたウェブコンサルティングやマーケティングサービスを提供する企業が多いのですが、そうした企業がいきなり「営業は結果がすべてだ」と発破をかけてプッシュ型セールスに取り組んだところでうまくいくわけはありません。

私は売上に行き詰まりを感じている企業や初めてプッシュ型セールスに取り組む企業に大切にしてもらいたいのは、「営業は過程がすべて」という考え方だと思っています。

「商談を獲得するのではなく、売上につながる商談を獲得しなければいけない」
「商談前に可能な限りのナーチャリングを実施して顧客の興味を引き出すことが大切」
「購入後をイメージしてもらえて、初めて購入につながる」

こうした考えを基にセールスプロセスを構築、改善を継続していただけたなら、きっと営業は過程がすべてという考え方が腑に落ちるはずです。

0から強力な営業組織をつくりあげるよりも、どうしたら自然な流れで購入につながっていくのかにこそ、力を入れてみてはいかがでしょう。

自然な流れで購入してもらうために必要なエッセンスを詰め込んだセールスプロセスを構築できれば、社員数に比例して売上が伸びる状態が実現するものです。

そしてもし、セールスプロセス構築の過程で困りごとや相談があれば、是非お気軽にセールスプロセス株式会社までお問い合わせください。

もちろん、直接ではなくとも、本書を参考にしていただいた上であなたの会社の営業改革が成功することを心より祈念しております。

この度は最後までお読みいただき、誠にありがとうございました。

【著者プロフィール】
梶田 洋平（かじた ようへい）

1985年3月27日生まれ。愛知県名古屋市出身。

新卒でみずほインベスターズ証券株式会社（現みずほ証券）に入社。

個人・法人営業に従事し、社長賞を獲得。退社後、企業専門の出版社を起業して代表取締役に就任。

本をはじめとした出版物でB2B×無形商材を扱う企業の売上アップを支援する、コンサルティング型出版サービスで組織を拡大。

その後、培ってきた営業ノウハウと効果的な営業ツール制作の実績を活かして、「売れる仕組み」の構築を支援するセールスプロセス株式会社を創業。

BtoB 営業は過程がすべて。

ISBN：978-4-434-35534-9
2025 年 4 月 25 日　初版発行

著　者：梶田洋平

発行所：ラーニングス株式会社
〒 150-0036　東京都渋谷区南平台町 2-13
南平台大崎ビル 3 階
発行者：梶田洋平

発売元：星雲社（共同出版社・流通責任出版社）
〒 112-0005　東京都文京区水道 1-3-30
Tell (03)3868-3275